O capitalismo no século XX

FUNDAÇÃO EDITORA DA UNESP

Presidente do Conselho Curador
Herman Voorwald

Diretor-Presidente
José Castilho Marques Neto

Editor-Executivo
Jézio Hernani Bomfim Gutierre

Assessor Editorial
Antonio Celso Ferreira

Conselho Editorial Acadêmico
Alberto Tsuyoshi Ikeda
Célia Aparecida Ferreira Tolentino
Eda Maria Góes
Elisabeth Criscuolo Urbinati
Ildeberto Muniz de Almeida
Luiz Gonzaga Marchezan
Nilson Ghirardello
Paulo César Corrêa Borges
Sérgio Vicente Motta
Vicente Pleitez

Editores-Assistentes
Anderson Nobara
Arlete Zebber
Ligia Cosmo Cantarelli

Maurício Tragtenberg

O capitalismo no século XX

2ª edição revista
e ampliada

Coleção Maurício Tragtenberg
Direção de Evaldo A. Vieira

© 2009 Beatriz Romano Tragtenberg
Direitos de publicação reservados à:
Fundação Editora da UNESP (FEU)
Praça da Sé, 108
01001-900 – São Paulo – SP
Tel.: (0xx11) 3242-7171
Fax: (0xx11) 3242-7172
www.editoraunesp.com.br
www.livrariaunesp.com.br
feu@editora.unesp.br

1ª edição – 1967, Editora Senzala
2ª edição revista e ampliada de *Planificação: desafio do século XX*

CIP – Brasil. Catalogação na fonte
Sindicato Nacional dos Editores de Livros, RJ

T685c
2.ed.

Tragtenberg, Maurício, 1929-1998
  O capitalismo no século XX/Maurício Tragtenberg – 2.ed. rev. e ampliada. – São Paulo: Editora UNESP, 2010. (Coleção Maurício Tragtenberg)
  186p.

Apêndices
Inclui bibliografia
ISBN 978-85-7139-982-2

  1. Capitalismo – História – Século XX. I. Título. II. Série.

09-5077. CDD: 330.122
CDU: 330.142.1

Editora afiliada:

Asociación de Editoriales Universitarias
de América Latina y el Caribe

Associação Brasileira de
Editoras Universitárias

Sumário

Apresentação   7

Preâmbulo   9

Ao leitor   11

Capítulo 1 – O homem   13

Capítulo 2 – Condições peculiares do surgimento do capitalismo ocidental   27

Capítulo 3 – A formação do espírito burguês na França   35

Capítulo 4 – O espírito puritano   51

Capítulo 5 – Capitalismo norte-americano   67

Capítulo 6 – Rússia   77

Capítulo 7 – Imperialismo russo   135

Capítulo 8 – Concentração da produção   141

Conclusão   169

Apêndice 1 – O bolchevismo como fenômeno de
    aculturação   173

Apêndice 2 – A rebelião de Cronstadt   177

Referências bibliográficas   181

Apresentação

Os trabalhos de Maurício Tragtenberg se caracterizam pela erudição meditada, a heterodoxia tolerante e autonomia intelectual. Estes são traços constantes numa obra sempre influente, dispersa em longo período de tempo e variada no assunto, mas que preserva sua agudeza e atualidade de maneira, por vezes, dramática.

Justamente por isso, com o intuito de preservar e mais divulgar as contribuições deste autor, falecido em 1998, a Editora UNESP apresenta ao público a COLEÇÃO MAURÍCIO TRAGTENBERG, composta pela parcela mais representativa de tudo que produziu: seus livros; ensaios publicados em revistas, especializadas ou não; ensaios incluídos em trabalhos coletivos; prefácios e introduções. São também inseridos na COLEÇÃO os artigos publicados esparsamente na imprensa e os escritos destinados apenas à coluna jornalística "No Batente".

Esta reunião de obras impôs certos cuidados formais, aos quais se voltaram tanto o coordenador da COLEÇÃO como a Editora UNESP, a saber: restabelecimento de textos por meio de comparação com originais; eventuais notas; compilação de artigos; revisão e demais procedimentos necessários a uma edição sólida, que esteja à altura de seu conteúdo e respeite a visita do pesquisador/leitor a este marco da produção intelectual brasileira.

Coordenador da Coleção e Editor

Preâmbulo

Não é um Prefácio: é o breve testemunho de um amigo de muitos anos e algumas vicissitudes comuns.

O livro que se vai ler foi escrito com profundo empenho vital e intelectual, por um homem que vive em profundidade os problemas da sociedade do espírito. O leitor verá a tentativa bem conduzida de caracterizar momentos importantes na evolução do capitalismo e do espírito burguês e, depois, nos embates que estes sofreram dos grandes movimentos revolucionários do nosso tempo. Simultaneamente, verá o esforço de reconhecer, na diversidade dos tempos e dos caminhos da história, algumas constantes que permitem localizar o processo desfechado na ideia e na prática da planificação econômica. Com honestidade e heterodoxia, longe de dogmas e preconceitos, o Autor circula entre fatos históricos, sociais e econômicos com uma formosa liberdade, manifestando a cada instante uma equação pessoal que não se quer omitir e que atua como presença fecundante. Apesar de alguma obscuridade ocasional de expressão, saímos da leitura mais capazes de compreender os temas abordados.

Maurício Tragtenberg é autor de um breve ensaio sobre "A importância da literatura para o homem de cultura universitária, qualquer que seja a sua especialização". De modo resumido e quase seco, aponta aí a função das letras na integração da personalidade dilacerada do nosso tempo, submetida à divisão do trabalho científico, com vistas a superar as atrofias da sensibilidade e do saber. Este espírito é o que anima o presente livro, no qual percebemos a fusão do conhecimento técnico, do dado exato, com a apreciação valorativa e, por vezes, com um senso transfigurador da realidade. Por isso, mencionei, de início, a tensão pessoal com que aborda os problemas; e não tenho dúvida em terminar prevendo para esta obra uma aceitação, mesmo quando polêmica, por parte de todos os que desejam encarar os problemas modernos como matéria de reflexão ao mesmo tempo sistemática e iluminadora.

Antonio Candido

Ao leitor

Este trabalho foi escrito, há alguns anos, com a finalidade de integrar uma série de leituras e reflexões pessoais sobre as tensões internacionais, sobre seus pontos de convergência e seus pontos de atrito.

Foram detidamente estudados os mecanismos socioeconômicos que levam ao planejamento, tanto no modelo ocidental como no soviético; a interpenetração da cultura ocidental na URSS pelo impacto industrial e o reflexo da ação da URSS no Ocidente, pela influência ideológica, política e econômica, especialmente na Europa Oriental.

Neste trabalho, a planificação aparece antes como categoria histórica do que categoria lógica propriamente dita. A planificação no quadro ocidental aparece ligada às "coincidências culturais" formadoras da modernidade ocidental; à revolução econômica e social, às mudanças ideológicas e às concomitantes estruturas de Poder.

Assim, surgem o capitalismo ocidental, a vitória do racionalismo filosófico e o Estado burocrático, numa unidade de sentido, fornecendo o pano de fundo das condições institucionais à planificação econômica.

No modelo soviético, a herança bizantina na estruturação do Estado Russo, ligada à absorção da tecnologia moderna levada a efeito pela Revolução Russa, condicionam os fundamentos históricos da planificação econômica.

Útil nos parece o capítulo referente à liderança carismática no bolchevismo, como tentativa de provar a fecundidade dos modelos utilizados por Max Weber na explicação das formas e estruturas do Poder.

Em suma, poderá se constituir num estímulo às indagações quanto ao *sentido* de nossa direção histórica nesta segunda metade do século XX. Se o tiver conseguido, terá sua publicação plenamente justificada nos termos de Espinosa: "Ante os fatos nem rir, nem chorar, mas compreender."

O autor

Capítulo 1
O homem

A primeira ideia sobre o homem, intimamente ligada à religião judaico-cristã, é o conhecido mito da criação do homem por Deus, sua descendência de Adão e Eva, o pecado do homem seduzido por um anjo caído, a redenção pelo Deus-homem e, por conseguinte, o restabelecimento da relação filial com Deus, a imortalidade da alma, o juízo final etc.

Dentro desse marco ideológico, elaboraram-se muitas interpretações filosóficas sobre o homem, que vão de Santo Agostinho a Bossuet. Para uma ciência e filosofia autônomas essas visões carecem de importância.

A segunda grande ideia sobre o homem nasceu dentro da *polis* grega; interpreta todo o existente com as categorias de uma "forma" atuante, de uma espécie parecida à Ideia e do fator passivo matéria. O homem é suficientemente poderoso para conhecer o ser em si, a divindade, o mundo, mas o fundamento mediante o qual ele realiza esta assimilação intelectual é a razão. De Platão a Hegel toda a antropologia filosófica permanece invariável no referente aos princípios citados, mas a parte dessa concepção que se refere à estabilidade foi superada por Hegel que, na sua *Introdução à Filosofia da História*, escreve: "O único pensamento que a filosofia leva é a história universal no simples pensamento da 'razão', que ela domina o mundo, e portanto, transcorre racionalmente." Aqui encontramos o extremismo hegeliano que leva à doutrina da identidade plena da razão divina e razão humana, até à doutrina da onipotência da razão.

A terceira ideologia é a naturalista, do *homo faber*; ela afirma que, entre o homem e o animal não há diferenças de essência, mas de grau. As forças atuantes nos seres vivos atuam no homem de maneira mais complexa; isso vale para o físico, o psíquico e o noético. As valorizações do espírito aparecem como simples epifenômenos, tardios reflexos do mundo infra-humano.

Todos os pensamentos e valorizações humanos aparecem para os naturalistas apenas como símbolos que representam constelações instintivas, aparecem como idiomas de sinais que trocam entre si os instintos (Nietzsche). O espírito humano surge como simples aperfeiçoamento da inteligência técnica.

O espírito é considerado como parte da psique na base interior dos processos vitais.

No sentido fisiológico e morfológico tudo que há no homem encontra-se em germe nos animais; assim também acontece em relação ao "psíquico" e ao "noético".

Admitindo-se que o animal possua inteligência, existe mais de uma diferença quantitativa entre o homem e o animal. O princípio que é o espírito, além de pensar ideias, compreende uma determinada intuição dos fenômenos essenciais e determinada classe de atos volitivos, admiração, amor, veneração etc. Essa propriedade básica consiste na sua independência, liberdade existencial diante de tudo que pertence à vida. Esse ser está aberto ao mundo. Tem a possibilidade de elevar à altura de "objetos" os centros de "resistência" do mundo exterior que lhe são dados primariamente, enquanto o animal permanece estático diante dessa pressão do orgânico. A grandeza da ciência humana está no fato de o homem, graças a ela, aprender, cada vez mais, a contar consigo mesmo, como se fosse uma coisa estranha submetida às relações de causalidade com as demais coisas existentes; pode assim o homem formar uma visão do mundo na qual o dado exterior aparece como absolutamente independente de sua organização psicofísica.

O homem tem a faculdade de converter todas as coisas em objetos do conhecimento, não só exterior como interior. O espírito surge como uma atualização pura, incapaz de converter-se em objeto. Como nós podemos converter em objeto as demais pessoas na medida em que nos identificamos com elas por meio do amor, vontade etc., em relação ao espírito só podemos vivê-lo interiormente, sem objetivá-lo. Santo Agostinho admitia uma ideia *ante res*, um plano exterior à realidade terrena. Mas as ideias não existem nem antes nem depois das coisas, mas sim com as coisas. E a nossa correalização desses atos no ato de pensamento vem da coparticipação na geração de valores, ideias e conceitos.

A diferença básica entre o homem e o animal situa-se no ato da ideação, completamente distinto da inteligência técnica, que consiste na compreensão das formas básicas da estrutura do Universo prescindindo do número de inferências indutivas. Esse saber vale como generalidade para todas as coisas que sejam dessa essência, prescindindo do aspecto contingente de nossos órgãos sensoriais. É o tipo de conhecimento *a priori*. A faculdade de separar a existência da essência é a nota fundamental.

Enquanto o animal é completamente configurado pela realidade, o homem tem a faculdade de dizer não a essa realidade. Em Husserl, quando funda o conhecimento das ideias numa operação que coloca entre parênteses o que há de existencial e contingente nas coisas para encontrar sua essência, na qual a angústia do finito só desaparece no terreno em que habitam as formas puras, este ato de idealização só pode consistir na anulação do impulso vital em que o mundo aparece como resistência, de modo contingente.

Esse ato só pode ser realizado pelo espírito. Só ele sob forma de vontade pode individualizar esse centro que é o acesso à realidade do real.

A diferença qualitativa entre o homem e o animal implica logicamente na consideração do homem como algo que não pode ser reduzido a um elemento quantitativo; embora possa ser tratado neste sentido, é mister notar que isto não esgotaria o repertório de possibilidades que se atualizam continuamente no homem. Ao acentuarmos o aspecto de possibilidades a atualizar, ao valorizarmos o aspecto potencialista do homem, revalorizamos aquela esfera irracional que só pode ser alcançada pela intuição; como a apreensão intuitiva do homem na arte de Joyce, Proust e Dostoievski.

Dostoievski encara o homem como microcosmo, o centro do ser; preocupava-o muito a pintura dos ambientes onde habita este centro do ser. As cidades, as tavernas, os quarteirões existem apenas na medida em que os condiciona o ambiente onde vive o homem. Essas tavernas russas onde os rapazes se entretêm com os problemas universais aparecem como projeção da dialética ideológica, do espírito humano. Para Dostoievski, a principal tarefa de suas personagens são as relações sociais que aparecem como pedra de toque do homem dostoievskiano pela qual se pode medir seu comportamento.

Para Dostoievski o fundo do Ser não pode ser captado nas condições estáveis de vida, só pode ser captado num fundo de lutas e choques em que se consomem todos os quadros sociais esclerosados; interessa-lhe o destino do homem que, possuindo a liberdade, perde-se no arbitrário. Só aí se manifesta em toda a profundidade a natureza humana que é profundamente antinômica e irracional. Dostoievski vê no homem uma tendência instintiva para o irracional, a liberdade desregrada, o sofrimento. Para ele, a liberdade situa-se acima da felicidade. A busca dessa liberdade arrasta-o da liberdade ilimitada ao despotismo ilimitado (Chigalev, em *Os possessos*). O homem deve ter o direito de desejar o absurdo e não só o que é razoável. Ser problemático e misterioso, toda sua natureza é contradição e luta entre tendências que se opõem e se harmonizam. Tem necessidade de mostrar-se homem e não máquina. Nunca renuncia ao verdadeiro sofrimento e ao caos. Para Dostoievski o sofrimento é a única fonte de conhecimento e essa tendência é um resto de irracionalidade que sempre permanece no ser humano, fonte única da Vida. A natureza humana, dinâmica na sua essência, está em constante transformação devido à antinomia que caracteriza sua estrutura singular; é nesse movimento que o ser revela seu próprio fundo, sua configuração última. Nietzsche e Dostoievski sabiam que o homem é terrivelmente livre, que sua liberdade, trágica, é o fardo e sofrimento. Até nas últimas criaturas o homem encontra o seu "eu", conforme nos mostra um personagem de *Humilhados e ofendidos* ("não esqueças que o último dos homens é teu irmão"). Assim, o sofrimento é caminho que decorre da liberdade. Todo destino do homem obedece à dialética da liberdade. Mas o caminho da liberdade é o caminho do sofrimento que deve ser percorrido pelo homem. Essa liberdade não pode ser identificada com o bem ou a verdade, mas tem uma natureza autônoma irredutível. Assim, o obrigatório já não é bem, sendo apenas o bem livre o verdadeiro. Mas esse mesmo bem supõe a liberdade do mal, que por sua vez conduz à destruição da própria liberdade. A liberdade no sentido mais amplo é aquela que se apoia na liberdade de consciência. Ela transcorre num processo dialético, num entrechoque amor e ódio, razão e paixão, certezas e dúvidas. Chegando lá, o homem renuncia à primazia de seu espírito, à sua liberdade original, sacrificando-a ao império da necessidade, tornando-se um mero joguete do arbitrário. Saindo da liberdade ilimitada – diz Chigalev – chego ao despotismo ilimitado. A revolta procede da liberdade e ela chega à tentativa de criação de um mundo baseado na necessidade.

Toda a antropologia de Dostoievski é um esforço para defender a seguinte tese: o homem, por sua natureza não mecânica, tem dentro de si elementos irracionais não suscetíveis de um tratamento quantitativo, que são a fonte de sua vida; daí decorre a liberdade, que é para o homem uma pesada responsabilidade, pois pressupõe os riscos inerentes, o sofrimento que é o elemento pelo qual o homem toma consciência de sua individualidade e vive a liberdade. Mas o homem, como explica o Grande Inquisidor, anseia por um mundo mecanizado que o desobrigue da responsabilidade de pensar e agir sozinho, que lhe garanta uma felicidade organizada, que negue o sofrimento e a responsabilidade que isso implica. Mas a contribuição básica de sua antropologia vem de não ser o homem uma coisa e sim um elemento autônomo; qualquer coação que limite sua liberdade interior se transforma numa liberdade má ou numa boa necessidade. Inerente à natureza humana, essa liberdade não admite limitação de ordem exterior, constituindo a essência do ser.

Partindo da visão do homem como ser qualitativamente diferente do animal, pelo ato da ideação, passando pela liberdade intrínseca do homem desenvolvida na antropologia de Dostoievski, chegamos a situar o homem histórico.

É o homem de determinada época, de uma determinada classe social, com determinado estilo de vida.

Neste plano de visão do homem, na antropologia humanista do jovem Marx, encontramos uma contribuição valiosa para o esclarecimento da problemática que ele encerra como ser humano, como ser social.

A formação da antropologia do jovem Marx inicia-se com suas obras juvenis, tomando uma configuração definitiva no *Manifesto Comunista*.

Antes de tudo, a pré-história da antropologia do jovem Marx encontra-se na crítica de Feuerbach à religião. Essa crítica desenvolve-se num plano que reduz a teologia à antropologia. Trata de demonstrar que a teologia não é outra coisa que uma antropologia e psicologia ocultas a si mesmas. Mostra que os atributos divinos, amor, bondade, justiça são qualidades humanas alienadas ao homem pela redução teológica. A crença em Deus existe quando o homem já não se concebe criador de si mesmo. Sua produção é um fenômeno patológico (a produção de Deus). O homem não enxerga que a religião é sua autorrepresentação. O homem objetivou-se sem reconhecer o objeto como seu próprio ser. Deus nasce da indigência do homem. A filosofia realiza um ato universal de autoengano mediante o qual a essência de Deus é a essência do homem, e a teologia, antropologia. Mediante a negação da autoelevação do homem é superada a dualidade de senhor da terra e senhor do céu. A essência do homem incorpora-se no homem de quem deriva, e aí então se funda a exigência de realizar "aqui e agora" a verdadeira essência humana no Estado e na família. Esta realização é reservada à política de acordo com o seguinte postulado de Feuerbach: "A política deve ser nossa religião." Chamar os homens para que realizem sua verdadeira essência é a consequência da crítica de Feuerbach à religião. Ao reduzir-se a verdade à antropologia, cabe ao homem estabelecer sua verdade humana na vida real. A criticada religião converte-se num esforço ativo para a transformação do existente. A inviabilidade de uma vida melhor no céu implica este postulado: a vida tem e deve melhorar na terra, o futuro melhor transforma-se de objeto de uma fé ociosa num objeto da atividade humana.

Para Marx o Estado e a sociedade produzem a religião que é uma consciência invertida do mundo, já que Estado e sociedade são um mundo invertido. Marx supõe que as "deficiências de sua existência" são características da essência do homem, mas em "circunstâncias fora de sua vida". "As bases da religião são reais", o homem acha-se religiosamente esmagado porque no mundo ele assim se encontra. Feuerbach só fez uma revolução teórica, da teologia à antropologia. O homem deve renunciar às ilusões sobre seu estado real; somente pode renunciar a estas se renunciar à base social da religião. A renúncia dessa base social pode-se fazer pela união da política com a filosofia. Isso porque a revolução teórica, a consciência do processo social, não se pode realizar sem a revolução prática. Por outro lado, sem a revolução teórica, a prática carece de conhecimentos de sua finalidade e dos meios de sua realização. Esse princípio é reafirmado por Lenin, quando no *Que fazer?* postula que "sem teoria revolucionária, não há movimento revolucionário".

Assim, a luta de classes nasce de um antagonismo das condições de vida, nascendo de uma "deformação determinada da essência humana" (Marx).

Essa deformação caracterizou a história até nossos dias e as ordens sociais que nela se desenvolveram. Consiste na "perda completa do homem" e a tarefa da revolução é a "reconquista do homem". Isso só é possível conseguir-se, segundo Marx, pelo estabelecimento de uma ordem social que termine com a "pré-história da sociedade humana". Saindo do reino da necessidade para o reino da liberdade consuma-se a reintegração do homem mediante o retorno a si mesmo, à sua humanidade.

Marx estabelece três relações constantes na humanidade: o trabalho, a produção de necessidades novas e a família. O trabalho não só garante o sustento, mas produz instrumentos com os quais o homem cria novas necessidades. Esses três aspectos possuem outros dois: de um lado, a relação natural, de outro, a relação social. Expressa-se com isso o fato de que se trata de "uma cooperação entre indivíduos" resultante de um determinado modo de produção industrial. Marx determinou a essência do homem.

Unem-se no trabalho o aspecto mental e o físico, objetivando-se a energia humana; o processo de trabalho no qual isso se dá é uma autoalienação humana.

No trabalho, revela-se o que pode o homem, dele nasce uma coisa que possui existência independente, mas como não é um fim em si, mas um meio para conservar a vida, cumpre seu des-

O capitalismo no século XX

tino na sua destruição. Assim, o trabalho e o uso formam uma unidade. Em consequência, a autoalienação, mediante a qual nasce uma coisa útil, não existe enquanto a humanidade vive em relações naturais. Desse modo o homem realiza sua autoprodução que se repete sempre; obrigado pela escassez dos meios naturais, no trabalho ele sai de si mesmo, objetivando-se num produto que logo consome e que o ajuda a conseguir outros meios de vida. Dessa forma o homem nega sua autoalienação. Nenhuma forma de existência social dispensa essa luta. Quando o trabalho começa a se basear na diferenciação sexual, opera-se uma modificação nas relações do homem com o trabalho. Surge a divisão do trabalho, impulsionada por um aumento de povoação que condiciona uma produtividade maior ligada ao aumento de necessidades: com a especialização, estabelecem-se relações de interdependência. Com a divisão do trabalho, surge uma formação social completamente independente dos componentes da sociedade, com leis próprias que tendem a se impor à vontade dos homens. O homem como tal é um ser natural imediato. O animal é identificado à sua atividade vital, consequentemente não é livre. Falta-lhe a possibilidade de refletir o mundo sensível de modo a torná-lo objeto. O homem possui uma atividade vital consciente que converte em objeto de sua vontade. Entre ele e o animal não há diferença de grau, mas de natureza. É a atividade vital consciente que implica liberdade e universalidade. A sociabilidade do homem aparece como manifestação dessa atividade, que o distingue do animal. Assim como a sociedade produz o homem, ele produz a sociedade. A humanidade que produz a autoalienação – como exemplificamos antes – converte a vida da espécie em meio de sua existência individual.

A consequência é a autoalienação entre o homem e o homem, pois um começa a utilizar o outro como instrumento para suas necessidades. Também a sociedade é desumanizada. Assim como o produto do trabalho alienado enfrenta-se com um poder alheio, assim o homem torna-se um poder alheio diante de outro homem; é a característica da sociedade dividida em classes. O trabalho aparece independente diante do produtor, o homem como poder estranho oposto a outro homem; este, ou uma classe, converte-se em portador deste poder "estranho", formando isso a base histórica concreta.

Em consequência do trabalho alienado, o homem, porque é um ser vital-consciente, converte a atividade, nascida de sua essência, em mero meio de existência.

Sua essência não se pode realizar porque toda a sua energia se concentra no esforço de conservar a existência material. Mediante a divisão do trabalho, na qual se manifesta o trabalho alienado, o homem perde sua essência, pois não desenvolve nenhuma energia psíquica, mas sim arruína o corpo e o espírito. A satisfação das necessidades, que é uma necessidade natural, na abstração que a separa do resto da atividade humana, converte em propósito final e único essas funções que na sua essência são próprias do animal.

O homem alienado pela divisão do trabalho é, pelo poder estranho que representa no campo ideológico essa apropriação do seu sobretrabalho (mais-valia) – as ideologias, as religiões, as filosofias, o direito, o Estado –, libertado dos vínculos tradicionais pelo individualismo burguês e sente uma liberdade desconhecida até então; ao mesmo tempo, isso faz com que ele se sinta só, enchendo-o de angústias e dúvidas e levando-o a novas formas de submissão a atividades irracionais de caráter compulsivo. Nesse plano, passamos do homem objeto da antropologia do jovem Marx para o homem atual, vivendo nas condições históricas presentes, circunscritas em determinada configuração geográfica, econômica e social.

Na limitação dos vínculos tradicionais, o primeiro fator a mencionar refere-se às características gerais da economia capitalista; é o princípio da atividade individualista. Em contraste com o sistema feudal, no qual cada um possuía um lugar fixo numa estrutura social ordenada, a economia capitalista deu possibili-

O capitalismo no século XX

dades ao homem de orientar racionalmente seu plano de vida, que é, com o sistema de classes, a ascensão social. Por outro lado, esse princípio individualista separou entre si os homens. O isolamento já tinha sido preparado pelo protestantismo. Na Igreja Católica, o homem unia-se a Deus pelo fato de pertencer a esta igreja, que lhe permitia enfrentar Deus como parte integrante de um grupo. O protestantismo, afirmando a subjetividade da fé, colocava o homem só diante de Deus, fazendo-o sentir-se esmagado. "O individual das relações com Deus constituía a preparação psicológica para as características humanas de caráter secular" (Fromm, 1957, p.110)[1].

No mundo medieval, de acordo com a Igreja Católica, as atividades econômicas constituíam um meio para a salvação espiritual do homem.

A atividade econômica e o lucro, como fins em si, seriam tão irracionais para o pensador medieval como o contrário o seria para os modernos. A subordinação do indivíduo como meio para fins econômicos funda-se nas características do sistema capitalista de produção, que fazem da acumulação do capital o principal objetivo do homem. Essa disposição de submeter o "eu" a fins extra-humanos funda-se nos ensinamento de Calvino e Lutero que prepararam psicologicamente o indivíduo para o papel que devia desempenhar na sociedade capitalista atual: sentir-se insignificante e disposto a subordinar toda sua vida a fins e propósitos que não os seus. Por outro lado, a acumulação do capital permitiu dominar a natureza, tornando possível prever um futuro no qual o homem "deixe de sofrer como animal para sofrer como homem" (Marx).

---

1 Edição inexistente no Catálogo da Biblioteca Maurício Tragtenberg, impossibilitando o registro de outras informações. Há edição brasileira: FROMM, E. *O medo à liberdade*. 6.ed. Rio de Janeiro: Zahar, 1968. A edição original do livro é de 1941. [N. O.]

O protestantismo transformou o homem em escravo da máquina que ele construíra, dando-lhe o testemunho de sua insignificância e impotência pessoal. Por outro lado, o homem moderno crê que suas ações são motivadas pelo interesse pessoal quando na realidade se dedica a fins que não os seus. Assim o egoísmo, mola do individualismo econômico, está fundado na carência de autoconfirmação e amor ao "eu" real, ao ser humano concreto, com suas potencialidades. O "eu" em cujo interesse trabalha o homem atual é o "eu" social, constituído essencialmente pelo papel que se espera que o indivíduo desempenhe, que na realidade não tem disfarce subjetivo da função social subjetiva assinalada ao homem na sociedade. O egoísmo do homem atual advém da frustração do "eu" real, cujo objeto é o "eu" social. A racionalidade do sistema de produção em seu aspecto técnico é acompanhada pela irracionalidade de seus aspectos sociais. O homem acha-se sujeito a crises econômicas, desocupação e guerra. Edificou um mundo que o domina e perante o qual ele deve prostrar-se. A relação de um indivíduo com outro perdeu seu caráter humano, tornando-se puramente instrumental e pragmática. Essa alienação do homem é mais destrutiva na relação do indivíduo com o seu "eu". O homem atual não só vende mercadorias como vende-se a si mesmo como uma mercadoria. Na fase monopolista do capitalismo as possibilidades de êxito estão fora do alcance do êxito e iniciativa individuais. A inflação alemã de 1923 e a crise americana de 1929 destruíram a crença nas limitadas possibilidades de ascensão pessoal na escala social. O indivíduo só, "desesperado", já previsto por Nietzsche e Kierkegaard, atualiza-se nessa época.

Essa consciência de o indivíduo estar indizivelmente só diante dos grandes problemas, das grandes quedas e vitórias, não a possui o homem atual, pois essa perspectiva – descrita por Kierkegaard e Franz Kafka – é demasiado aterradora para o homem de nossa época. Ele está protegido pela rotina de suas atividades, pela segurança e aprovação que encontra em suas relações pessoais, pelo êxito nos negócios, por qualquer forma de distração. Operam-se a massificação do homem e a alienação de sua humanidade.

Mas o básico, o essencial na revalorização do homem consiste em concebê-lo como entidade qualitativa não redutível a critérios quantitativos. Como dizia Kant, "se todas as coisas têm um preço, só o homem tem uma dignidade". É na reafirmação da dignidade humana, no partir do homem como "medida de todas as coisas", no concebê-lo como um fim em si (Kant) que o socialismo, negando as condições inumanas que determinaram sua alienação, poderá converter em realidade o sonho nietzschiano: "o homem é algo que deve ser ultrapassado". Mas em que condições históricas concretas pode o socialismo realizar tal transformação? É o que passaremos a desenvolver adiante.

Capítulo 2
Condições peculiares do surgimento do capitalismo ocidental

Na civilização mecanizada ocidental as categorias de tempo e espaço sofreram uma transformação considerável, em relação à maneira como eram vividas na Idade Média.

A Igreja e o Estado, os estamentos e as profissões são, segundo o modo de pensar medieval, partes necessárias e consequências de uma "ordem do mundo" rigorosamente estável, tal como aparece nos escritos de Platão e Aristóteles, que reduzem a ordem estamental à ordem do mundo (senhores e escravos por natureza).

A aplicação de métodos quantitativos ao pensamento teve sua primeira manifestação na medida regular do tempo e na nova concepção mecânica surgida em parte como consequência da vida diária do mosteiro. Foi aí que os desejos de poder e ordem se manifestaram primeiramente, submetidos a uma disciplina férrea.

O papa Sabiniano, numa bula, decretou que se tocassem sete vezes em vinte e quatro horas os sinos dos mosteiros; essas pontuações empregadas para dividir o dia receberam o nome de horas canônicas.

Sombart considera os beneditinos da grande ordem trabalhadora como possíveis fundadores do capitalismo atual: suas regras livraram o trabalho da maldição e suas grandes obras de engenharia tiraram o encanto da guerra. Os mosteiros contribuíram para dar à atividade humana o ritmo mecânico do relógio, para coordenar a ação dos homens. À medida que se racionava o tempo e o campanário definia a vida do homem urbano, a eternidade deixava de constituir medida e foco das ações humanas.

Segundo Munford, por sua relação com as quantidades determináveis de energia, com a standartização, com a ação automática e, finalmente, com seu próprio produto especial – a medida exata do tempo – o relógio foi a máquina mais importante da técnica moderna, dissociando o tempo dos acontecimentos humanos, produzindo um mundo independente de sequências matematicamente mensuráveis: o mundo da ciência.

Este mundo apareceu ligado a um estamento de homens que recolheram em sua forma racional as experiências de seus trabalhos e ofícios e que, só pelo fato de se sentirem interessados em aumentar sua liberdade e emancipação social, empenharam-se intensamente em dominar as leis que regem os processos naturais. E é no Ocidente que predomina esta técnica especializada, segundo o princípio da divisão do trabalho, já bem adiantado na burguesia grega, sendo desenvolvida essa operação pela burguesia das cidades ocidentais, abarcando sistematicamente o mundo.

Dentro da filosofia do barroco, levanta-se a ciência ocidental que assenta a natureza sobre seus próprios pés. Não há outra cultura que possua coisa semelhante. Com segurança, esta ciência não surge como serva da teologia, mas, sim, é servidora da vontade de poder (técnico); segue por isso uma orientação matemática experimental e, desde sua infância, mecânica prática. Sendo pró-

O capitalismo no século XX

pria e primariamente técnica e logo teórica, tem que ter a mesma idade que o homem fáustico (a idade fáustica começa no ano 1000). Trabalhos técnicos, que revelam uma assombrosa capacidade de combinação, já surgem pelo ano 1000. Já no século XIII falou Roberto Grosseteste do espaço como função da luz; escreveu em 1289 Pedro Peregrino o melhor tratado de base experimental sobre o magnetismo que houve até Gilbert (1600), e o discípulo de ambos, Rogério Bacon, desenvolveu uma teoria do conhecimento científico da natureza como base experimental para seus ensaios técnicos. Mas a audácia de descobrir conexões dinâmicas vai muito mais longe. O sistema copernicano está indicado em manuscritos em 1322 e foi desenvolvido matematicamente alguns decênios após pelos discípulos de Occam, em Paris: Buridan, Alberto da Saxônia e Nicolau de Oresme, em união com a mecânica de Galileu, que o anteciparam. Não há dúvida acerca dos últimos impulsos subjacentes no fundo de todos estes descobrimentos: a pura contemplação não teria necessidade do experimento, mas o símbolo fáustico da máquina já no século XII havia impulsionado construções mecânicas e converteu o *perpetuum mobile* na ideia prometeica do espírito ocidental, que não podia prescindir dele. A hipótese de trabalho é sempre essencial, justamente o que não teria sentido para outra cultura. É mister familiarizar-se com o fato assombroso de que a ideia de explorar praticamente todos os conhecimentos de conexões naturais é perfeitamente estranha aos homens, com exceção do homem fáustico e de outros que, como os japoneses e os judeus, se encontram sob influência espiritual da civilização ocidental. A estrutura dinâmica do mundo implica já o conceito de hipótese de trabalho. (Spengler, 1927, p.62-3)

No lugar da contemplação medieval aparece o voluntarismo, desde Duns Escot, Occam, Calvino e Lutero, até Kant, que transforma o intelecto contemplativo medieval na inteligência tecnicamente orientada pela investigação experimental e matemática da natureza, de acordo com o ato soberano da vontade de domínio. A tríade Física, Técnica e Indústria constitui a forma e grandeza particular da civilização ocidental, que se baseia, em seus inícios, na emancipação política da burguesia e na negação da escravidão ou servidão.

Os grandes progressos técnicos do século XVI têm como base a dissociação entre o anímico e o mecânico; no mosteiro, o anímico foi suplantado pela crença num só espírito purificado pela amplitude de seus deveres, livre de qualquer semelhança com o homem e o animal; a base do mundo era o homem, e o ponto que o ligava ao absoluto, a Igreja. Essa eliminação das técnicas mágicas suprimiu, no círculo da cultura ocidental, todos os conflitos existentes entre ela e a técnica positiva; deu possibilidade ao aparecimento dos inventos técnicos de Newton, Pascal, Galileu, Leibniz, devotos que transferiram a ordem divina das coisas para uma ordem mecânica.

Essa ordem mecânica foi aplicada ao homem pelo mosteiro, que concentrava suas energias, solidificando sua vontade de poder; não é por acaso que um dos primeiros homens a aplicar o método experimental tenha sido um monge: Rogério Bacon.

A Igreja, na medida em que desprezava o corpo, preparava o caminho para uma melhor assimilação da máquina; é um prenúncio espiritual da miséria física em que vegetariam os mineiros na época da acumulação primitiva do capital no Ocidente.

Esse processo não poderia atualizar-se não fosse o caminho que lhe preparou a Reforma.

Antes de estudarmos sua influência espiritual sobre a formação do capitalismo ocidental moderno, traçaremos por alto um quadro das condições materiais da época em que a Reforma aparecia como expressão social e histórica.

Surge o imperialismo português e espanhol. O capitalismo comercial nascente concentra seu capital nas minas e nos tecidos. Formam-se companhias internacionais. Portugal e Espanha tornam-se portadores das chaves do Oriente e do Ocidente. Na Europa do início do Renascimento, foi a Itália o coração de um movimento reformador. Na Europa da Reforma, foram os Países Baixos. O gigantesco desenvolvimento industrial e comercial europeu concentrava-se, não por acaso, numa grande cidade dos Países Baixos: Antuérpia.

Era ela a capital da nova civilização, a mais cosmopolita de todas as cidades. Era o santuário para onde se orientara a devoção de um Holbein, de um Dührer, de um Granach. Antuérpia aparecia como uma metrópole europeia, a Inglaterra convertia essa cidade no entreposto pelo qual a lã inglesa era distribuída na Europa. Até às alturas do século XV o mercado de cobre transferiu-se de Gênova para Antuérpia. O governo português converteu-a em depósito para seu comércio de espécie, em 1503. Pirenne constatou as perspectivas da classe medieval disposta a conservar os privilégios locais corporativos com a nova plutocracia que surgia no século XVI, com suas ramificações internacionais, sua independência dos poderes puramente locais e sua reivindicação triunfal do poder do capitalismo para desprender-se do domínio do grêmio e do burgo e forjar seu próprio destino.

A burguesia liberal de Antuérpia adotava um individualismo prático, rebaixando as tarifas aduaneiras, aceitando os melhoramentos técnicos que eram combatidos em todas as partes. A expansão internacional dos empreendimentos comerciais converteu Antuérpia em capital do mercado europeu.

Os Estados centralizados que surgiam na época do Renascimento viam-se em crise financeira. Esta nascia da combinação de métodos administrativos e militares modernos com sistemas financeiros medievais.

Confiavam às burocracias pagas as tarefas que antes desempenharam. Estando em guerra, verificaram sua inferioridade diante da nova técnica militar, que empregava massas de infantaria e artilharia profissionais, formando uma indústria altamente capitalizada a partir de 1870.

Atrás do príncipe e do papa aparecia o banqueiro, que possuía sucursais em todas as grandes capitais europeias, representando na esfera econômica a moralidade de Maquiavel.

Tawney nos mostra uma experiência dessa moralidade: "Os Wellers que fizeram inversões numa expedição portuguesa no oriente em 1505 financiaram uma expedição comercial-militar à Venezuela em 1557, eram também sócios das minas de prata e cobre no Tirol e na Hungria" (Tawney, 1936, p.128).

Sincronizado com esse desenvolvimento industrial, aparecia o movimento da Reforma como um movimento da classe média, com suas virtudes típicas: o aproveitamento do tempo, a prática do trabalho e a economia do dinheiro.

O Estado corporativo era substituído pela concorrência. Os pobres da cidade e os camponeses eram explorados, privados de seus direitos. Isso motivou a Guerra dos Camponeses, os movimentos revolucionários das cidades. Os Evangelhos alentavam as esperanças, tal como o fazia o cristianismo aos escravos da Reforma Imperial.

Lutero, atacando a autoridade, fazendo da palavra evangélica a base de seus ensinamentos, dirigia-se a essas massas inquietas. Ele seguiu as massas enquanto elas exigiam pequenas reformas; mas os camponeses estavam se transformando numa classe que queria uma revolução na ordem social que a pequena burguesia tinha interesse vital em conservar.

A Reforma foi econômica e socialmente um movimento pequeno burguês. Para Max Weber, foi uma rebelião das classes médias e camponesas. Ainda segundo Weber, foi a classe média que constituiu o fundamento do desenvolvimento do capitalismo na sociedade ocidental; por ter interesse vital em conservar um estado de coisas como o imperante na época é que a pequena burguesia se aliou aos senhores feudais, afogando em sangue a rebelião camponesa. Lutero apoiou os senhores feudais na repressão a esse movimento camponês que aprovou enquanto permanecia nos limites que interessavam à pequena burguesia, na sua fricção com os senhores feudais. Passou Lutero à atitude contrária ao perceber que tal movimento ultrapassaria os limites fixados pela classe que representava.

O luteranismo converteu-se em religião oficial na Alemanha, e Lutero passou à história com o nome que lhe havia dado Thomaz Munzer – chefe revolucionário camponês – "Doutor Luegner" (Doutor Mentiroso).

Em sua essência, Lutero combinava um radicalismo religioso com um conservadorismo econômico. Apoiando-se no conceito *desigual* de sociedade, com que ele atacara os senhores feudais e os *monopolia*, o radicalismo religioso e o conservadorismo econômico serviram-lhe também para justificar ideologicamente o esmagamento da revolução camponesa[1].

O protestantismo, na sua forma luterana e depois na sua forma calvinista, foi o elemento espiritual que preparou os espíritos para a tarefa assinalada pelo desenvolvimento econômico da sociedade ocidental: a acumulação de capital.

Na Idade Média, não existia impulso para o trabalho além do necessário para manter o *standard* tradicional de vida. O trabalho e a atividade considerados como fins em si mesmos, a disposição do ser humano para fazer de sua própria vida um simples meio para um poder extrapessoal, o espírito ascético e o sentido compulsivo do dever foram as formas específicas que adquiriu a energia humana para ser empregada na acumulação de capital.

O capitalismo só se desenvolveu quando as energias humanas se concentraram no trabalho, considerado como vocação. No protestantismo, a tendência compulsiva para o trabalho incessante foi uma das forças produtivas – juntamente com a técnica, a economia etc. – que mais contribuíram para a formação e desenvolvimento do capitalismo industrial.

Reconhecendo o capital, o crédito bancário, o financista, rompendo com a ética medieval que considerava censurável toda preocupação com o que não fosse necessário à subsistência, Calvino, apoiado nos industriais e comerciantes, apesar de ad-

---

1 Houve ajuste de redação para dar maior clareza e coerência a este trecho. [N. O.]

mitir a influência moralizadora da religião, submete-se às circunstâncias dominantes na vida comercial e industrial.

Calvino examina a ética dos empréstimos a juros, não se baseando em critérios universais para julgar a usura, mas considerando-a como um caso particular do problema geral das relações sociais de uma comunidade cristã, que se deve resolver nas circunstâncias existentes.

O capitalismo e o crédito aparecem para Calvino como indispensáveis. A aceitação da realidade burguesa obriga o calvinismo a considerar como máximo dever do cristão não a renúncia à atividade comercial, mas, ao contrário, o viver de acordo com ela para maior glória de Deus.

O objeto para a busca da salvação individual é a glória de Deus. E os meios não constituem na oração – como na Idade Média –, mas na ação, na santificação do mundo com o esforço e o trabalho. Este princípio é também expresso por Zwinglio nos seguintes termos: "Com o trabalho ninguém se basta a si mesmo. No entanto é uma coisa útil e grata a Deus... que fortalece o corpo e cura a enfermidade produzida pelo que não trabalha. De todas as coisas deste mundo o homem que trabalha é a coisa mais parecida com Deus".

Assim o protestantismo, na sua corrente calvinista, aparece como uma das alavancas básicas na acumulação do capital, criando condições psicológicas que permitem a integração do homem ao sistema econômico capitalista.

Capítulo 3
A formação do espírito burguês na França

O burguês do século XVII por experiências básicas adquire a convicção de que a vida não se submete mais aos princípios tradicionais.

Os novos valores, opostos aos tradicionais, brotam da vida, forjando determinadas representações como objeto de uma consciência reflexa e plasmam formas de vida determinando um tipo humano (Groethuysen).

Como as doutrinas sociais católicas, forma-se um sistema coerente e determinado por certos motivos básicos unidos entre si, determinando o sentido e a importância das atividades humanas. Nelas encontra o burguês a base de uma nova visão do mundo e da vida. O espírito burguês é laico, sua pátria é este mundo. Sua posição diante da vida é a de representar o novo, enquanto seus adversários pertenciam ao passado: a incredulidade é um dos fatores essenciais no desenvolvimento do espírito burguês e na gênese da convicção de ter uma missão histórica a cumprir no mundo.

A vida do burguês desenvolve-se cada vez mais fora da Igreja, regulando-se por considerações profanas que o levam a submeter a fé a um exame racional, a considerá-la como algo extrínseco a ele próprio.

Dentro do corpo da Igreja cristã desenvolvia-se a fé em sentido polar: de um lado, a classe dos possuidores da ciência, dos portadores do saber racional; de outro, os simples crentes; mas começava a introduzir-se nesse corpo uma nova camada social, que analisa, "discute com Deus", como diz Massilin, "em oposição ao espírito dos que creem ingenuamente".

"O povo crê sem pensar no problema da crença, crê no que creram seus pais e no que ensinam seus curas. Não discute, atém-se ao seu catecismo. Mas você, Monsieur, quer saber tudo melhor, discutindo sem cessar a religião e seus mistérios" (Reguis, p.218)[1].

Pelo fato de serem doutos diante da fé tantos burgueses ilustrados como a multidão de crentes, é que parece falsa diante da Igreja a posição desses laicos que perturbam sua ordem estabelecida, formulando questões.

Como os crentes veem todos os laicos de maneira igual, chocam-se contra esses elementos que não querem submeter-se à "igualdade" da fé diante do mistério, nem perder seus privilégios de homens ilustrados.

O que caracteriza de agora em diante o católico já não é o comportamento tradicional da crença pura e simples, mas a consideração dos valores religiosos suscetíveis de uma crítica e conhecimento nacional pelo homem, constituindo a negação da atitude do "crente" que se sente integrado no organismo coleti-

---

1 Edição inexistente no Catálogo da Biblioteca Maurício Tragtenberg, impossibilitando o registro de outras informações. Em vez de Reguis, talvez se refira a Henricus Regius (1598-1679) – conhecido também como Henrik van Roy –, que escreveu uma obra com este título. [N. O.]

vo de "fiéis diante de Deus", perante o qual a Igreja é o elemento intermediário.

Segundo Bossuet[2],

> é um erro crer que o exame deve preceder sempre a fé. A ventura daqueles que nascem no seio, por assim dizer, da verdadeira Igreja, consiste justamente em que Deus deu a esta tal autoridade, quando se crê totalmente no que ela ensina, que a fé precede o exame, ou melhor, o exclui. (*Réflexions sur un...*)

Para o crente ingênuo, a Igreja constitui algo completamente dado; as mesmas festas, o mesmo culto e a mesma liturgia fazem que a Igreja apareça diante do crente como algo orgânico e imutável.

Mas a oposição do símbolo e da palavra surge com o nascimento desse espírito burguês ilustrado, que obriga a Igreja a descer ao plano de uma *discussão racional* admitindo com esse ato a cisão entre o símbolo e a palavra. É nesta época que se dá a institucionalização da *fides implicita* e da *fides explicita*, conforme escreve Boudon:

> Inúmeras vezes encontrei gente madura que me respondeu que amava a Virgem Maria como a Deus; não porque minha pergunta surpreendesse, mas porque faltavam os conhecimentos necessários; outros disseram-me que a Santa Virgem é Deus... que ela é que fez Deus que existiu sempre; e outras coisas semelhantes e perfeitamente ridículas. (Groethuysen, 1943, p.39)

Esse elemento, porém, pertence ainda ao reino da Igreja, ainda é um "crente".

---

2 Refere-se a Jacques-Bénigne Bossuet (1627-1704), cujo escrito com este título pode ser encontrado em: LACHAT, F. *Obras Completas de Bossuet*. Paris: Librairie de Louis Vives Editor, 1862, v.XIII. [N. O.]

Por outro lado, as queixas de Boudon contra o "conhecimento racional" da crença dão a entender que o espírito da burguesia nascente já começou a penetrar na Igreja.

Para o homem do campo, Deus vivia nele, é uma imagem já adstrita à estrutura de sua vida, que sente sem poder racionalizar. No entanto, Deus para o burguês já possui conotações diferentes. O Deus burguês aparece como Ser Supremo, o Matemático Universal, enquanto para os aldeões ele é Nosso Senhor.

A burguesia isola Deus do universo religioso. O burguês continua católico, mas desenvolve uma peculiar crença em Deus que está longe da simplicidade mística do homem do campo.

No século XVIII aparece essa característica falta de fé do burguês, parte integrante na formação de sua consciência de classe.

De um lado existem os clérigos, de outro, os seculares; estes "devem escutar sem discutir." (*Nouvelle Ecclesiastiques*, 1780)

Essa distinção rigorosa limitou o laico a ser ouvinte, não interferindo nos assuntos da Igreja, deixando aos "mestres" a preocupação de seus problemas.

A fé, a organização secular da Igreja, deixam de preocupar vitalmente o laico e aparece uma cisão baseada na destruição da unidade medieval; diferenciam-se claramente duas tendências e posições: forma-se o mundo cristão, restrito aos clérigos, e o mundo profano, à parte, restrito aos burgueses. Não só a burguesia se torna independente, como já combate a Igreja.

Combate-a, porém, na pessoa de seus representantes temporais, individualmente considerados, como se depreende deste escrito:

se os eclesiásticos cometem alguma falta – pois por serem eclesiásticos não deixam de ser homens – em lugar de mantê-la em segredo, como pediria o amor ao próximo, diante do menor dos burgueses, o burguês acha um prazer criminoso em torná-la pública e difundir o mais possível o seu conhecimento, exagerando mesmo,

O capitalismo no século XX

às vezes, as faltas o mais possível, e apresentando-as como especialmente condenáveis. (Borruyer, p.527)[3]

Os laços orgânicos que ligam o indivíduo à Igreja, formando "seu" mundo, não existem mais para o burguês, em oposição ao espírito das comunidades camponesas, cuja consciência coletiva é determinada pela Igreja que engendra as ideias sob cuja base são sedimentadas a unidade e solidariedade do grupo.

A consciência religiosa do laico seculariza-se. Mesmo abandonando certos aspectos da doutrina cristã, pode admitir como verdade a priori a existência de Deus. No fundo, ele se limita a "secularizar" o Deus cristão, sem criar uma concepção própria Dele; poderia ele considerar-se crente, no entanto na sua conduta prática da vida nada o impedia de guiar-se por motivos racionais.

Como perdeu o hábito de associar Deus à sua vida pessoal, o burguês vê nele o arquiteto do Universo. Pode ser-lhe grato, ama-o, mas já não o teme, não conhecendo as experiências angustiosas pelas quais passava o verdadeiro crente.

Com o aparecimento do elemento laico, surgem duas tendências que evoluem paralelamente: de um lado, o laico ilustrado não é muito propenso a seguir a interpretação da teologia do catolicismo tão logo lhe é proposta; de outro, os teólogos não conseguem formar uma interpretação que satisfaça completamente o homem ilustrado, e logo esses paliativos deixam de ter influência sobre o elemento burguês.

O pensamento social católico é, na sua essência, dualista: para ele há ricos e pobres. Agora, existe a "grandeza do poder" como também a "grandeza da pobreza"; segundo o Evangelho, o homem inserido nessa tensão tem que lutar: quanto mais ele é grato a Deus, mais ele sobe na escala social, mas, se continua sendo pobre, é da mesma maneira grato a Deus,

---

3 Edição não encontrada, impossibilitando o registro de outras informações. [N. O.]

pois Cristo também o foi. Nesse mundo hierárquico, introduz-se um elemento que não possui antepassado no mito cristão: o burguês.

Como todos são iguais perante Deus, a Igreja não pode deixá-lo a si mesmo. Tem que configurar sua vida burguesa em formas religiosas de expressão.

Enquanto os poderosos estão sujeitos a dissiparem suas fortunas nas aventuras cortesãs em que se entretêm, o "pobre", na sua condição de miséria, é explorado por eles. Embora a Igreja santifique a pobreza com o halo da virtude, o burguês, que é trabalhador, economiza prevendo o futuro, podendo subtrair-se até onde for possível ao influxo irracional na vida. Por isso ele pensa muito pouco no destino, não necessitando do consolo da Igreja por suas frustrações na vida real.

A Igreja, na época, condena acremente a dissipação cortesã que, no fundo, significa cansaço da vida e tédio; o desejo de fugir à vida é o que os leva à dissipação.

No entanto, nada disso sucede ao burguês. Ele pactua com a vida, não conhece a dissipação. A negação do valor terreno ainda não parece suficiente para aproximá-lo de Deus; vive em algo concreto, trabalha e é ativo.

Por outro lado, o pecado está adstrito ao brilho, ao poderio, à nobreza; o burguês, como tal, não é pecador; a burguesia, como tal, está justificada, não se baseia em nenhuma classe de pecado.

Em outro aspecto, o burguês deixa de sê-lo tão logo peque.

Na ideologia da Igreja, o espírito religioso, por meio do símbolo, procura explicar o imanente em função do transcendente, do mais além. Neste sistema, onde a Igreja poderia enquadrar o burguês para que cumprisse seu destino determinado pela Providência?

A existência de ricos e pobres é justificada pela Igreja; são os ricos os administradores da Providência Divina, tendo Deus outorgado aos que "nadam na abundância" o cuidado e proteção daqueles que nada possuem. Assim, o burguês, que herdou e adquiriu fortunas, é também um nobre, representante de Deus na terra.

A única coisa que o diferencia do nobre está no fato de possuir fortuna; mas, se tiver pequenos lucros, pequena será a quantidade que doará aos pobres, de acordo com a Divina Providência. A quantidade a ser doada é muito importante, pois Deus, no Juízo Final, pedirá contas, verificando se o doado aos pobres corresponde proporcionalmente à sua riqueza. No entanto, a exata proporção deveria ser fixada pelos padres da Igreja a quem o burguês, além de confiar a alma, deveria também confiar sua situação financeira real.

Aí não se trata mais, para a Igreja, de santos ou pecadores, mas sim de gente honrada, que continua sendo piedosa, previdente, que gosta de assegurar-se em todos os sentidos, salvar-se na vida terrena pelo acúmulo de riquezas e na vida ultraterrena pela doação de esmolas.

Aí verificamos uma concessão da Igreja ao espírito burguês; já não pede que ele renuncie, mas simplesmente estenda para a esfera religiosa as normas pelas quais regula sua vida comercial.

O caminho da salvação, para a Igreja, varia de acordo com as classes sociais. O rico pode salvar-se pela caridade e misericórdia; o pobre, pela humildade e paciência. O burguês, pelas esmolas, consegue ocupar o lugar da Divina Providência terrena.

Do ponto de vista cristão, desaparecem diferenças de estirpe, de nascimento, havendo somente ricos e pobres, os que dão esmolas e os que as recebem. A riqueza, na medida em que entra na consideração cristã, é valorizada na sua forma pecuniária, pois se trata da fixação de uma taxa de esmolas para os pobres. A esmola é meio de salvação que se oferece ao rico, o qual, devido à fortuna, está sempre em perigo; os predicadores repetem insistentemente essa oferta.

Dentro da estrutura hierárquica da Igreja, a condição do burguês requeria uma explicação.

Para o burguês, a existência da riqueza, já em si, está justificada; para ele a pobreza tem algo de "anormal"; o normal seria converter todo o mundo à burguesia; a pobreza já não tem a significação religiosa transcendental que tinha para a Igreja.

Com isso, desaparece para o burguês um dos postulados básicos da Igreja; ao mesmo tempo, ele dá um passo à frente na formação de uma consciência de classe definida.

Com esses elementos espirituais o burguês surge para opor-se não só à Igreja em sua ideologia, mas em seu poderio econômico.

No desenvolvimento da consciência burguesa o Deus burguês é substituído pela razão; o burguês, pelo fato de orientar sua atividade comercial pela contabilidade racional, configurar sua vida na previsão do futuro baseando-se na sua situação de estabilidade monetária, tem que substituir a onipotência divina pela onipotência da razão.

Aí, a filosofia enciclopedista, racionalista em sua essência, aparece como a base ideológica da burguesia nascente na França, a qual já possui suficiente força no campo ideológico para substituir o Deus secularizado pela deusa Razão e, ao mesmo tempo, substituir, na direção da sociedade, o feudalismo, arrebatando-lhe o poder econômico e, depois, o político.

Há algo no espírito burguês que procura sempre uma relação entre a teoria e a prática.

A consciência burguesa, no seu desenvolvimento e na sua consolidação, surge de novas formas sociais de existência, as finalidades comuns que operam por sua vez criando valores que se tornam vigentes e de fundamental importância para a ascensão da burguesia, formando-se necessariamente fora do círculo da Igreja e só encontra uma fundamentação definitiva da filosofia enciclopedista numa ideia autônoma da vida e do mundo, oposta diametralmente à visão da Igreja.

Analisamos rapidamente os elementos ideológicos no processo de formação da consciência de classe da burguesia; passaremos a analisar os elementos que determinaram seu domínio econômico, ainda no feudalismo, e o político, com a Revolução Francesa.

Esclarecemos que não situamos nenhum desses elementos – ideológico e econômico – em relações de causalidade, um como epifenômeno do outro, mas sim em relação de contemporaneidade, de correspondência mútua, de interação; isso porque analisamos uma época histórica ao longo de seu transcurso, com uma constelação particular de forças sociais, políticas, econômicas e ideológicas; um desses elementos pode agir como causa. Para verificação desse elemento causa impõe-se a análise global e concreta da situação dada; daí em nossa análise, que é geral, situarmos esses fenômenos em relações de correspondência.

Mas como age, na vida econômica e social, a classe portadora de tais ideias e valores? Aí é que começaremos a analisar a ascensão real da burguesia como classe, até sua constituição como classe dominante.

Os senhores feudais, para possuírem um séquito armado, indispensável aos seus interesses políticos, davam com suas rendas partes de seus domínios, formando a classe dos oficiais administrativos dos grandes senhores.

Isto motivou, desde o século XI, a divisão das fazendas laicas e a formação de "feudos cavaleirescos".

Por outro lado, desde o século XI, a Igreja aumentou e consolidou suas grandes propriedades. A subdivisão dos grandes domínios colocou os camponeses diante de um grande número de pequenos proprietários em posição econômica não muito firme.

Os senhores franceses encontravam-se em pior situação que os ingleses diante da expansão monetária, porque não possuíam o artigo de exportação, a lã inglesa, como elemento de participação nessa forma econômica.

Tentavam enfrentar a situação substituindo gradualmente os arrendamentos hereditários por outros a prazo fixo, para incrementação das rendas. Introduziram no contrato de arrendamento a entrega de uma determinada porção do produto, que oscilava entre a terça e a quarta parte, em lugar de rendas fixas, em espécie ou em dinheiro.

Após a *Jacquerie*, estabeleceram-se contratos que deixavam ao cultivador a liberdade de fazer o que quisesse. Podia vender totalmente ou em parte os produtos, e seus direitos eram hereditários.

A extinção dos laços senhoriais determinou uma mudança no conceito de propriedade. Como não havia limitação de anos para os contratos, a renda ou fundo dos camponeses passava aos seus filhos. O direito de propriedade dos senhores reduzia-se ao recebimento da renda anual.

Com a cessão de uma renda anual ou um pedaço de terra, os camponeses conseguiram comprar a liberdade, utilizando-se da situação precária dos senhores, que esperavam vencê-la outorgando a liberdade pessoal ao camponês. Os camponeses começaram a exercer as atividades que antes competiam aos senhores e seus funcionários.

Com o surgimento das comunidades agrárias, começaram a nomear representantes comunais que os defendiam contra as inovações dos senhores feudais burgueses.

Já no século XIV o novo feudal-burguês jurava que respeitaria os privilégios camponeses à caça e à pesca, os direitos de pastagens sobre determinadas porções de terra, o direito de eleger um chefe que regulasse os cultivos do povo sob vigilância do senhor.

Os efeitos negativos da economia monetária sobre os senhores aliam-se à derrota infringida à cavalaria francesa pelos arqueiros ingleses em Crecy, devido à qual foram despojados do seu prestígio militar e substituídos pela infantaria. Quando se transferiu a justiça aos funcionários reais, debilitou-se ainda mais a situação da nobreza, pois esses funcionários pertenciam à burguesia, perita em leis. Esses novos tribunais de apelação recusavam as sentenças dos tribunais senhoriais. Os herdeiros dessa nobreza em processo de empobrecimento foram os prósperos burgueses que se haviam desenvolvido no interior da sociedade feudal francesa.

Os comerciantes de Lyon compraram toda a terra ao redor dessa cidade. Aplicando métodos mais desenvolvidos de exploração, foram os burgueses estruturando grandes fazendas. Servindo-se de uma contabilidade exata, conseguiam converter em excelentes fontes de renda as fazendas que iam adquirindo. Os filhos da burguesia deixavam o comércio, dedicando-se ao cultivo da terra, ou estudando leis e convertendo-se em funcionários administrativos e judiciais do Estado.

Essa burguesia rechaçava como pertencente ao passado a antiga aristocracia rural e nobiliária. Ainda nessa época, as corporações surgiam como entrave ao desenvolvimento da indústria e do comércio.

Para ser patrão ou mestre era necessário passar por um exame dos mestres já estabelecidos e pagar uma certa quantia em dinheiro, o que impedia aos oficiais pobres chegarem a mestres; havia a regulamentação da produção: cada grêmio só podia vender determinados objetos, cada categoria de artesãos só podia produzir determinados produtos. No entanto, esse regime não envolvia toda a economia nacional.

O comércio emancipava-se dos entraves gremiais pela sociedade por ações, a indústria – antes do édito de Turgot – ia afrouxando as limitações gremiais. Assim os fabricantes de meias em Nimes fabricavam produtos mais toscos que os exigidos pelo regulamento; a administração real, ao estimular a criação de grandes fábricas e assegurar-lhes durante certo período um privilégio de fabricação, colocava-as fora da tutela gremial, facilitando o desenvolvimento do capitalismo industrial.

Ela [a indústria] estava bastante desenvolvida para dar à burguesia a força decisiva. Não era, todavia, bastante poderosa para agrupar em alguns focos uma vasta aglomeração de proletários nem para dar-lhes uma consciência de classe enérgica e bem definida. A indústria francesa era bastante ativa para dar à burguesia força e consciência revolucionária, mas não para despertar no proletariado uma virtude revolucionária distinta da tutela do movimento burguês. (Jaurès, 1946, p.80)

Isso não quer dizer que a burguesia não temesse o proletariado nascente, conforme documenta a obra de Pedro Kropotkine *A grande Revolução Francesa*.

Na véspera da revolução os burgueses foram favoráveis à conclusão de um pacto com os padres, prometendo a estes seu apoio na luta contra as altas hierarquias eclesiásticas e esperando deles que fizessem valer sua influência sobre o povo para que este se mantivesse tranquilo e não atacasse a propriedade. (Groethuysen, 1943, p.67)

É o desenvolvimento industrial que constitui a força básica da burguesia, e em nome dos valores econômicos é que ela se opõe ao feudalismo baseado na propriedade agrária e nos valores tradicionais que regeram a sociedade feudal, os valores religiosos.

Quase não havia província desprovida de indústria. No Languedoc, nos vales dos Cévennes, se multiplicaram desde Lodève a Castres as fábricas de tecidos, lã e algodão; na Picardia e Champanha as fábricas de pano, ao longo do Vale do Loire e no vale médio do Ródano. Em Tours, Roanne e Lyon, as tecelagens de seda; nas Ardennes, no Somme, as metalúrgicas e as fundições, estas terríveis fábricas que Babeuf chamava "o exercício infernal"; no Este, na Alsácia e Lorena, as metalúrgicas; no Artois as minas de carvão que, sobretudo no Anzi, começavam a constituir grandes empresas. (Jaurés, 1946, p.80-1)

O desenvolvimento do capitalismo determinou um desenvolvimento rápido da navegação marítima, como se pôde verificar pelas cifras abaixo:

O capitalismo no século XX

Em 1778, constroem-se 7 barcos com 1.875 toneladas.
Em 1779, constroem-se 24 barcos com 5.485 toneladas.
Em 1780, constroem-se 17 barcos com 4.760 toneladas.
Em 1781, constroem-se 34 barcos com 16.800 toneladas.
Em 1784, constroem-se 33 barcos com 16.130 toneladas.

Devemos salientar que a acumulação primitiva do capital na França foi consideravelmente favorecida pela extensão do colonialismo, como também veremos na Inglaterra.

O algodão de Caiena e São Domingos era utilizado com o da Índia e do Levante nas fiações de tecelagem de algodão, que abundavam, sobretudo, na Normandia; muitos dos couros trabalhados na França procediam de São Domingos. Podem-se compreender os interesses extraordinariamente poderosos e complexos que criaram este vasto mercado comercial. Famílias francesas eram possuidoras nas colônias das fazendas e das fábricas.

Só em São Domingos, onde mandavam 27 mil brancos sobre 405 mil negros, escravos, havia 792 engenhos, 705 algodoais, 2.810 cafezais. Estes donos de colônias constituíram-se rapidamente numa poderosa aristocracia colonial capitalista. Já nos primeiros dias da Revolução, em 20 de agosto de 1789, alguns capitalistas coloniais fundaram para defender seus interesses a "Sociedade Correspondente dos Colonos Franceses" que se reunia no Palácio Massia, contando no início com 435 membros. Por meio dos irmãos Lameth, que tinham grandes possessões em S. Domingos, e de seu amigo Barnave, exerceram grande influência na Constituinte. Todo este vasto sistema colonial baseava-se na escravidão. No ano de 1788 saíram das costas da África 29.596 negros para S. Domingos; eram trocados por diversos produtos da França; este vil negócio contribuiu para o desenvolvimento da burguesia. (Jaurès, 1946)

Esse florescimento econômico criou uma Caixa de Descontos em Paris, que emitia dinheiro, análogo ao atual Banco da

França. Os capitalistas agruparam-se em sociedades por ações, como a Companhia das Índias, a Cia. de Seguros contra incêndio, a Metalúrgica de Montcenys. Segundo Necker, a França possuía mais da metade do numerário europeu. A população chegou a 25 milhões de habitantes, quase o dobro da Prússia e Inglaterra na mesma época.

O desenvolvimento de uma consciência ideológica profana que toma a forma da secularização de Deus e obriga a Igreja a institucionalizar a *fides implicita*, a fé *a priori*, e a *fides explicita* sujeita a critérios racionais, obriga-a também a descer do símbolo à palavra e à discussão racional. E com esse gigantesco desenvolvimento industrial, ligado ao colonialismo, é que a burguesia francesa adquire as bases estruturais para encetar a grande revolução francesa e conquistar o poder político.

A ditadura de Robespierre serviu-lhe para aniquilar seus inimigos à maneira plebeia. Baseando-se nas camadas populares das cidades e da pequena burguesia, o terrorismo revolucionário de Robespierre varreu o feudalismo. Por outro lado, ao destruir a autonomia da comuna de Paris dirigida por Chaumette, destruiu qualquer possibilidade de as massas operárias nascentes ultrapassarem os limites burgueses de luta.

Combinando todos os fatores anteriormente mencionados com a força política do Estado é que a burguesia se constituiu como classe dominante. E uma das primeiras medidas tomadas por ela, quando consolidada no poder, foi impedir a organização operária que surgia à mercê desse desenvolvimento industrial.

É ainda no início da tormenta revolucionária que a burguesia se atreve a tirar de novo aos trabalhadores o direito de associação que eles tinham conquistado havia pouco.

"O decreto de 14 de junho de 1791 declarava que toda a coalizão (greve) operária era um atentado à liberdade e à "declaração dos direitos do homem", punível com 500 libras de multa e perda por um ano dos direitos da cidadania ativa. Essa lei que, por via policial, reduz a concorrência entre o capital e o trabalho aos limites convenientes para o capital sobreviveu às revoluções e transformações ou mudanças de dinastias. O próprio regime do Terror deixou-a intacta, não foi tirada do código penal, senão recentemente. Nada mais característico que o pretexto desse golpe de Estado burguês. "Ainda" – diz o membro informante Chapelier – "é de se desejar que o salário se eleve ainda mais para que se livre quem o recebe desta absoluta dependência causada pela carestia dos meios de subsistência que é quase a dependência da escravidão." Os trabalhadores não devem entender-se acerca de seus interesses, agir unificadamente e sacudir assim sua absoluta dependência "que é quase escravidão" porque precisamente nisso lesam a liberdade de seus atuais empregadores (a liberdade de ter os trabalhadores escravos) e porque uma greve contra despotismo dos antigos mestres das corporações é – adivinhe-se! – um restabelecimento das corporações abolidas pela Constituição Francesa (Marx, p.227-8)[4].

Essa lei (Lei Chapelier) é que marca a maturidade da consciência de classe da burguesia francesa, já consciente de seus interesses, opostos aos dos trabalhadores; pela Constituinte, Terror, Thermidor, Consulado e Império, essa burguesia afirma-se como classe dominante, mantendo sob diferentes formas políticas o mesmo conteúdo classista – a propriedade privada capitalista.

E, num processo de interdependência, a formação da ideologia burguesa, a luta contra a Igreja, o desenvolvimento da indústria capitalista rompendo as limitações gremiais, a concentração demográfica ocasionada por essa concentração industrial, a liquidação do feudalismo e das pretensões mais avançadas das massas pela ditadura de Robespierre, o desenvolvimento do colonialismo aparecem como motivos de uma necessidade histó-

---

4 Edição inexistente no Catálogo da Biblioteca Maurício Tragtenberg, impossibilitando o registro de outras informações. Consta deste Catálogo: MARX, K. *Oeuvre complète*. Paris: Editions Sociales, 1957. [N. O.]

rica: a tomada do poder pela burguesia, a vitória dos valores burgueses e a formação de um proletariado concentrado, oposto a tais valores e a tal economia.

É um conjunto de "coincidências culturais" (Marx) que atua na formação da burguesia francesa, tal como veremos na formação da burguesia inglesa; o mesmo não sucede em relação à burguesia americana. Daí desenvolver o proletariado europeu, formado nesse acúmulo de "coincidências culturais" (Marx), uma coincidência econômica e política; o proletariado americano, surgido num país onde a burguesia nasceu sem tradição histórica, permanece, por pouco tempo (julgamos), ainda no estágio economista e sindicalista de consciência e organização classista.

Capítulo 4
O espírito puritano

O triunfo do puritanismo na Inglaterra toma o trabalho como uma espécie de sacramento, racionalizando, sistematizando e disciplinando a vida.

Seu apoio social era recrutado nas classes médias. O protestantismo inglês acompanhava o desenvolvimento do comércio. Por considerar o descanso ilegal, o puritano dedicava o maior zelo à atividade comercial, convertendo dias de festa em dias de trabalho.

Essa intensificação neurótica do zelo pelo trabalho no puritano correspondia à crença de que se prova pela conduta e pela ação reais se a graça foi ou não outorgada; a pobreza era um fracasso moral que devia ser condenado: o ideal do puritano não era o reino de Deus, mas, sim, a projeção do individualismo na ação social e o pontual desempenho dos deveres de ordem política, social e econômica por meio da disciplina e da liberdade.

Postulando como imperativo categórico a atividade incansável, considerando o trabalho como um fim em si, prevenindo o crente contra o perigo do luxo e da dissipação, aconselhando à moderação, à prudência, à orientação da vida em cálculos racionais, excluindo na medida do possível o imprevisto, é que o puritanismo se converteu em bandeira ideológica do posterior desenvolvimento do capitalismo inglês, que se iniciou com a Revolução Industrial: o advento espiritual da acumulação primitiva do capital – que a Revolução Industrial levaria a efeito pela apropriação capitalista da propriedade pessoal e criação do sistema fabril – encontrou sua forma na consideração do trabalho como um serviço prestado a Deus, e da consequente ascensão na escala social como prova de "eleição" divina.

Dentro desses quadros espirituais desenvolve-se um movimento conhecido como a revolução puritana.

Pode-se dividir essa revolução em cinco períodos perfeitamente delimitados; o primeiro período, de 1642 a 1647, é o da guerra civil, quando todos os elementos revolucionários se uniram para derrubar o rei. O segundo (1647-1649) é o período da luta entre a direita e a esquerda da revolução e culmina com a vitória da ala direitista, que representa os interesses dos grandes proprietários. O terceiro período (1649-1660) é o da consolidação da revolução e do domínio de Cromwell no interesse dos novos comerciantes e capitalistas e dos lavradores comerciantes.

Foram abolidos todos os vestígios feudais, suprimiram-se os monopólios, consumou-se o cercamento de terras numa escala mais ampla que a do século XVI, convertendo-se de arma da realeza, que era, a arma da classe média ascendente.

O quarto período transcorre sob os reinados de Carlos II e Jaime II; só superficialmente pode ser chamado de Restauração, pois o velho Estado baseado na unidade corporativa da Igreja nacional, da Coroa, já havia sido destruído em suas bases. É a etapa na qual a Revolução continua, como o prova o desaparecimento dos poucos direitos feudais. Finalmente, o quinto e último período, no decorrer do qual os esforços dos Stuarts para reavivar o governo pessoal, seu servilismo à Coroa francesa e o fervor que

O capitalismo no século XX

dispensaram ao catolicismo tornaram-se cada vez mais intoleráveis até a queda de Jaime II e o estabelecimento da monarquia constitucional em 1689: nesse período promulgou-se a Declaração de Direitos aceita pela Coroa, na qual a autoridade parlamentar e o direito comum foram erigidos autoridades supremas.

Todos os vestígios do absolutismo e reminiscências feudais foram suprimidos. Os pequenos camponeses-lavradores, artesãos e operários tinham-se unido durante o primeiro período revolucionário (1642-1647) aos burgueses da cidade, lavradores--comerciantes e comerciantes-industriais. Quando, em 1647, o rei foi capturado e aprisionado pelo Parlamento, a revolução era considerada terminada pelas classes altas da sociedade inglesa.

Os quatro anos da campanha, porém, tinham convertido muitos soldados do Exército Modelo numa força revolucionária de caráter radical. O Exército reunia homens procedentes de todos os países; fundia-os numa força combativa e deu-lhes oportunidade de defender seus interesses. O pouco interesse demonstrado para com o Parlamento pelos soldados sem graduação e sua negativa de colher os fundos necessários para o pagamento provocaram o descontentamento do Exército.

Os elementos mais humildes do Exército Modelo congregaram-se em redor da bandeira dos "Igualitários", grupo esquerdista separado dos "Independentes" que defendia as reivindicações do Exército Modelo.

Em 1647, os soldados separaram-se da classe média privilegiada que constituía o corpo de oficiais, estabelecendo Conselhos nos regimentos e prepararam o manifesto que, com a ajuda dos igualitários, chegou a ser chamado o "Acordo do Povo", postulando em suas linhas gerais o seguinte: o indivíduo possui certos direitos naturais inalienáveis que nem o Estado nem a Igreja podem atingir. De acordo com eles, os soldados do Exército Modelo solicitaram ao Parlamento que respeitasse a liberdade de religião e proclamaram o princípio da soberania popular, segundo o qual todos os poderes do Governo emanaram do povo; solicitaram ainda uma Constituição escrita, requerendo também a proibição de todos os monopólios.

Solicitaram também a abolição da prisão por dívidas, a extinção da pena de morte, dos direitos de primogenitura e todos os direitos dos tribunais feudais.

A frente dos "Igualitários" cindiu-se com o aparecimento de um grupo chamado os "Verdadeiros Igualitários", que lutava por um comunismo primitivo, baseado no cultivo coletivo do solo. Estes foram derrotados em 1648, e seu chefe, John Lilburne (1615-1657), foi aprisionado. O próprio Cromwell marchou à frente do Exército que derrotou a ala esquerdista e assegurou as condições para o pleno desenvolvimento do capitalismo.

Os efeitos dessa revolução foram, segundo Herman Levy, os seguintes:

> O "homem econômico" moderno nascia. O novo espírito exaltava o trabalho como principal objetivo da vida e depositava confiança ilimitada na regularização da mecânica econômica pela livre concorrência e na evolução livre do indivíduo sem obstáculos. Rechaçava qualquer intervenção das autoridades eclesiásticas ou seculares sobre a atividade econômica e exigia a completa concentração individual para o êxito industrial.

Aboliram-se os direitos da Coroa com relação às minas, assegurando-se os direitos ao proprietário do solo.

No campo das relações agrárias, segundo Christopher Hill,

> as relações feudais, o Tribunal de Prerrogativas, foram abolidos, ficando o governo nas mãos dos proprietários de terra.
>
> A venda à Coroa de terras pertencentes à Igreja provocou a alta dos arrendamentos até alcançarem o nível do mercado, devido ao fato de os proprietários de terra não estarem ligados aos colonos e considerarem a compra de terras como simples e pura inversão de capital. Os impostos ficaram sob o controle do Parlamento. As leis de colonização garantiram uma oferta contínua de trabalho barato.

Após a Revolução Puritana, desenvolveu-se uma política mercantilista.

Cabia ao aparelho do Estado garantir a liberdade de economia nacional; cabia ao Estado transportar os produtos das fábricas com sua Marinha Mercante e transformar as possessões coloniais em parte integrante de seu sistema econômico, utilizando-as para a produção de matérias-primas que ele não podia produzir, e para a absorção de seu excedente de produção.

A Metrópole controlava a vida econômica das Colônias, obrigando-as a saldar seus déficits em ouro ou prata. Caso não dispusessem destes elementos de pagamento, a Metrópole invertia seus excedentes de capital em terra e nas operações de empréstimos com garantia real ou hipotecária.

Como vimos, no século XIV desaparecia a servidão na Inglaterra. No século XV, como consequência, surgiu uma intensa população de camponeses livres, que cultivavam por sua própria conta. Em oposição à realeza e ao Parlamento, criou-se uma classe proletária numerosa, baseada na expropriação do solo dos camponeses e usurpação das terras comunais.

O florescimento da manufatura na Flandres e a alta do preço da lã arrancaram o poderio econômico da nobreza obrigando-a a transformar seus campos de cultivo em campos de criação de ovelhas.

No século XVI a expropriação dos cultivadores recebeu grande impulso da Reforma, e sua consequência foi o roubo dos bens que antes pertenciam à Igreja.

Na época da Reforma, a Igreja era a grande proprietária do solo inglês. A usurpação dos claustros jogou seus habitantes ao proletariado.

Nas últimas décadas do século XVII desapareceram a classe dos camponeses independentes e os últimos vestígios da propriedade comunal dos camponeses.

Sob os Stuarts, os proprietários de terra aboliram a Constituição feudal, jogaram sobre as costas do Estado as cargas que pesavam sobre eles, "indenizando-o" com impostos pagos pelos camponeses.

Reclamaram a propriedade privada, no sentido moderno, dos bens sobre os quais não possuíam mais que títulos feudais e, finalmente, promulgaram estas leis de domínio (*laws of settlement*), que *mutatis mutandis* influíram sobre os trabalhadores ingleses como o édito do tártaro Boris Godunov sobre os camponeses russos. (Marx, p.210)[1]

Os senhores feudais e capitalistas, com a "Revolução Gloriosa" de Guilherme de Orange, praticavam em grande escala o roubo dos domínios do Estado. "A alienação ilegal dos bens da Coroa, em parte presenteados, em parte vendidos, é um capítulo escandaloso da história inglesa, uma gigantesca fraude contra a nação" (Marx, p.211)[2].

Essa operação contou com o apoio dos capitalistas que fizeram do solo um artigo de comércio aumentando a oferta de proletários do campo.

Essa aristocracia estava aliada aos Bancos e às grandes manufaturas e apoiada pela proteção aduaneira.

A propriedade comunal desaparece com a transformação das terras de cultivo em prados; legaliza-se o roubo com a "Lei Sobre os Cercados das Terras Comunais".

Isso lembra processo idêntico ocorrido na Roma antiga, salvaguardando-se, é claro, as diferenças históricas entre o capitalismo romano – especulativo, e o capitalismo atual – baseado na organização da fábrica, segundo nos conta Apiano:

---

1 Edição inexistente no Catálogo da Biblioteca Maurício Tragtenberg, impossibilitando o registro de outras informações. Consta deste Catálogo: MARX, K. *Oeuvre complète*. Paris: Editions Sociales, 1957. [N. O.]

2 Edição inexistente no Catálogo da Biblioteca Maurício Tragtenberg, impossibilitando o registro de outras informações. Consta deste Catálogo: MARX, K. *Oeuvre complète*. Paris: Editions Sociales, 1957. [N. O.]

O capitalismo no século XX

Os ricos haviam-se apoderado da maior parte das terras indivisas. Confiavam nas circunstâncias da época para que não se lhes voltasse a tirá-las, comprando as parcelas dos pobres vizinhos, em parte pela aquisição, em parte pela força; de modo que cultivavam extensos domínios em lugar de campos isolados.

Para o cultivo da terra na área de gado empregavam escravos porque os trabalhadores livres eram convocados para o serviço militar. A possessão de escravos produzia-lhes também muito lucro, pois estes por estarem livres do serviço militar podiam multiplicar-se livremente e ter uma multidão de filhos. Assim os poderosos abarcavam toda riqueza e a região interna formigava de escravos. Os ítalos, ao contrário, eram cada vez menos numerosos, consumidos pela pobreza, pelos impostos e pelo serviço militar. E se sobreveem épocas de paz, estão condenados à inatividade completa, porque os ricos possuem as terras e empregam para cultivá-las escravos em lugar de homens livres. (1985, p.150)[3]

Se [diz o Dr. Price] a terra cai nas mãos de poucos grandes arrendatários, os pequenos arrendatários transformam-se em pessoas obrigadas a ganhar sua subsistência trabalhando para outros e ir ao mercado em busca de tudo o que necessitam. As cidades e as manufaturas crescerão porque é arrojada a ela mais gente em busca de ocupação. Este é o sentido em que se dirige a concentração das fazendas que influiu neste Reino nestes últimos anos. (Marx, p.214)[4]

A usurpação da terra comunal e a revolução agrícola atingiram tão intensamente os trabalhadores agrícolas que de 1765 a

---

3 Edição inexistente no Catálogo da Biblioteca Maurício Tragtenberg, impossibilitando o registro de outras informações. Há edição espanhola: Apiano (c. 95-?-c. 165). *Historia Romana*. Madri: Editorial Gredos, 1985 (v.II), 1985 (v.III), 1994 (v.I).

4 Edição inexistente no Catálogo da Biblioteca Maurício Tragtenberg, impossibilitando o registro de outras informações. Consta deste Catálogo: MARX, K. *Oeuvre complète*. Paris: Editions Sociales, 1957. [N. O.]

1780 seu salário caiu aquém do mínimo, necessitando ser completado com socorro social aos pobres.

O roubo dos bens da Igreja, a fraudulenta alienação dos domínios do Estado, a rapina da propriedade comunal, a transformação da propriedade feudal e clã em propriedade capitalista, efetuada sob o maior terrorismo, formam as bases da acumulação primitiva do capital.

Conquistaram o campo para a agricultura capitalista criando o proprietário "livre", necessário ao sistema fabril introduzido pela Revolução Industrial. A manufatura nascente não podia absorver esse proletariado que tinha sido exportado em sua terra comunal e agora andrajava pela cidade. Sua antiga base de existência desaparecia antes que ele pudesse adquirir outra.

Esse ato era completado por medidas repressivas do Estado contra os despossuídos.

A burguesia, na fase primitiva da acumulação, utilizava o Estado para apressar esse processo, como mostram as leis da época. Isabel I, 1572:

> Os mendigos sem licença e maiores de 14 anos serão duramente açoitados e marcados a fogo na orelha esquerda, caso ninguém queira tomá-los ao seu serviço; em caso de reincidência, se têm mais de 18 anos de idade, devem ser executados sem misericórdia, como traidores. (Marx, p.222)[5]

À medida que se desenvolve o capitalismo, a burguesia não precisa valer-se de leis terroristas para conseguir braços para o trabalho. Ela o consegue "automaticamente" quando o trabalhador "livre", pelo jugo da fome, é obrigado a vender sua força de trabalho.

---

5 Edição inexistente no Catálogo da Biblioteca Maurício Tragtenberg, impossibilitando o registro de outras informações. Consta deste Catálogo: MARX, K. *Oeuvre complète*. Paris: Editions Sociales, 1957. [N. O.]

O capitalismo no século XX

Com o surgimento da grande indústria é expropriado o campesinato, e a indústria caseira é substituída pela manufatura. "A expropriação e expulsão de uma parte da povoação camponesa não só libertam os trabalhadores sem meios de subsistência e sem material de trabalho para o capitalismo industrial, como criam também para este o mercado interno" (Marx, p.232)[6].

Enquanto isso, sucediam-se as invenções técnicas com aplicação industrial imediata. A primeira invenção foi a lançadeira volante de John Kay (1733), que tecia muito rapidamente. Com o aumento da procura pelo linho, tratou-se de intensificar a produção; as invenções seguintes prendem-se a essa procura. Surgiu a *spinning jenny* (James Hargreaves, 1769). A *jenny* era um tear manual que não prejudicou a indústria rural.

A mula *jenny*, ao contrário, favorecia a concentração da economia. Arkwright inventou a chamada máquina de água. Ele mesmo organizou vários moinhos têxteis, assim chamados em comparação aos de farinha e aos moinhos de água.

O atraso da indústria de tecidos em relação à fiação foi superado com a invenção, por Cartwright, de um tear de força mecânica. A produção de um só operário equivalia a quarenta teares manuais.

Essas invenções, porém, somente se puderam atualizar socialmente com a formação do proletariado "livre" na Inglaterra e os restos de elementos técnicos legados pela manufatura.

"Se as invenções de Waucason, Arkwright, Watt etc. puderam levar-se a efeito, foi porque seus autores encontraram um certo número de hábeis mecânicos que a manufatura criou" (Marx, p.399)[7].

---

6 Edição inexistente no Catálogo da Biblioteca Maurício Tragtenberg, impossibilitando o registro de outras informações. Consta deste Catálogo: MARX, K. *Oeuvre complète*. Paris: Editions Sociales, 1957. [N. O.]

7 Edição inexistente no Catálogo da Biblioteca Maurício Tragtenberg, impossibilitando o registro de outras informações. Consta deste Catálogo: MARX, K. *Oeuvre complète*. Paris: Editions Sociales, 1957. [N. O.]

Marx não concebia mecanicamente o desenvolvimento econômico, dando ao elemento humano o papel de uma "força produtiva".

A invenção da máquina modificou a estrutura da indústria, que antes era organizada na base do artesanato. A manufatura disseminada e concentrada deu lugar à fábrica com a técnica mecânica. No início do século XVII a Inglaterra importou mais de 1 milhão de libras de algodão, triplicando durante a primeira metade do século XVIII; com a invenção das máquinas de fiação e tecelagem, a importação de algodão multiplicou-se por dez.

A Revolução Industrial inicia-se com a elaboração do algodão, cuja importação teve um crescimento prodigioso, como segue:

Anos	Metros	Anos	Metros
1701	907	1800	25.400
1720	895	1810	60.000
1741	746	1821	60.120
1751	1.350	1831	130.940
1765	1.810	1841	221.343
1785	8.345	1851	343.539

A ampliação da atividade industrial e sua dependência do mercado mundial repercutem claramente nestas cifras; note-se que a alta da produção de algodão se liga ao monopólio mundial da indústria têxtil inglesa; quando se inicia a concorrência com outros países, há uma etapa de contração do desenvolvimento orgânico da produção industrial.

As primeiras máquinas eram movidas a força hidráulica; eram por isso construídas à margem de rios. Esse fator requeria a invenção de uma máquina que pudesse dispensar tal localização. Isso foi resolvido pela máquina a vapor.

Em 1768, James Watt fez o primeiro modelo de máquina a vapor aperfeiçoada, que se podia utilizar para qualquer fim. No fim do século XVIII a máquina a vapor estava desalojando a

O capitalismo no século XX

máquina movida a força hidráulica. Em 1880 havia já 321 máquinas a vapor em operação, das quais oitenta e quatro pertenciam à indústria têxtil.

O aparecimento da máquina a vapor motivou o desenvolvimento da indústria construtora de máquinas, que requeria, por sua vez, grandes quantidades de metal como matéria-prima. Os inventores tiveram diante de si um problema: o de obter bom metal com o carvão de pedra.

Esse problema foi resolvido em 1735, quando o dono de uma fundição, Abraham Derby, descobriu um método para fundir ferro com carvão de pedra, juntando cal viva. Sua aplicação produziu ferro colado de boa qualidade. Quando em 1784 e 1790, Henri Cost e Benjamin Huntman encontraram o método de obter uma alta temperatura que permitia a transformação do ferro colado em ferro e aço, conseguiu-se produzir em larga escala o metal com combustível mineral.

A invenção da máquina a vapor foi a força motriz para o desenvolvimento da indústria metalúrgica. Watt construiu, na década de 1780, um martelo que pesava 120 libras, dando 150 voltas por minuto. Na década de 90 do século XVIII, a maioria das mais importantes operações industriais estava mecanizada pela aplicação de diversas máquinas.

A Revolução Industrial obrigou a um grande aumento do número de invenções; vejamos:

Patentes de invenção na Inglaterra

Anos		Porcentagem anual
1617-1714	342	3 a 4
1715-1760	353	7 a 8
1761-1770	215	21 a 22
1771-1780	299	30
1781-1790	566	56 a 57

1791-1800 692	69
1801-1810 943	94
1811-1820 1108	111
1821-1835 2426	162
1836-1840 1768	353
1841-1850 4663	466

(Fonte: Danilevsky, 1943, p.207)

Seus resultados no desenvolvimento industrial, nos aspectos de ampliação da mecanização, do número de fábricas e de pessoas ocupadas aparecem claramente a seguir:

Número de fábricas	1858	1861	1868
Inglaterra e Gales	2.046	2.715	2.405
Escócia	152	163	131
Irlanda	12	9	13
Reino Unido	2.210	2.887	2.549

Número de teares a vapor			
Inglaterra e Gales	275.590	368.125	344.719
Escócia	21.624	30.110	31.864
Irlanda	1.633	1.757	2.746
Reino Unido	298.847	399.992	379.329

Número de fusos	1858		1868
Inglaterra e Gales	25.818.576	28.352.152	30.478.228
Escócia	2.041.129	1.915.398	1.397.546
Irlanda	150.512	119.944	124.240
Reino Unido	28.010.217	30.387.494	32.000.014

O capitalismo no século XX

Número de pessoas ocupadas

Inglaterra e Gales	341.170	407.598	357.052
Escócia	34.698	41.237	39.809
Irlanda	3.345	2.734	4.203
Reino Unido	379.213	451.569	401.064

(Fonte: Marx, p.449)[8].

Tal desenvolvimento foi acompanhado de uma concentração demográfica muito rápida. Nos distritos da nova indústria têxtil, perto dos depósitos de ferro e de carvão de pedra, surgiram novos centros industriais e as cidades cresceram rapidamente. Birmingham, centro da indústria metalúrgica, tinha em 1740 uma povoação de 25 mil habitantes e em 1800 possuía já 70 mil. Manchester, centro da indústria têxtil, que nos meados do século XVIII era uma vila, em 1800 tinha uma população de 95 mil pessoas.

Ligado a todo esse processo social que se inicia com a vitória da revolução de Cromwell, em 1653, o desenvolvimento do espírito ascético do puritanismo mobilizava as energias do homem para o trabalho, considerado como uma religião. Alia-se à expropriação do proprietário individual da cidade – o artesão – pela forma de propriedade capitalista, à expropriação dos camponeses de suas terras comunais e à sua transformação em indivíduos despojados, os quais, emigrando para as cidades surgidas da concentração industrial com a implantação do sistema fabril, aparecem como força de trabalho livre sem o qual o capitalismo não poderia se desenvolver.

_____

8 Edição inexistente no Catálogo da Biblioteca Maurício Tragtenberg, impossibilitando o registro de outras informações. Consta deste Catálogo: MARX, K. *Oeuvre complète*. Paris: Editions Sociales, 1957. [N. O.]

Verifica-se um desenvolvimento do comércio em escala colossal: na paz de Utrecht (1713), a Inglaterra arrancou da Espanha o privilégio de fazer entre a África e a América Espanhola o comércio de negros, que até então só havia sido praticado entre a África e as Índias Ocidentais Inglesas. Ela adquiriu o direito de prover a América Espanhola de 4.800 negros até 1743. Isto oferecia ao mesmo tempo uma cobertura oficial para o contrabando britânico. O tráfico de escravos foi a base do engrandecimento de Liverpool. Este foi seu método de acumulação primitiva. (Marx, p.243)[9]

O capitalismo inglês projeta-se na história completamente desenvolvido em virtude das seguintes "coincidências culturais" (Marx): a aplicação da ética puritana nas relações de trabalho; o princípio de considerar a profissão uma vocação canalizou as energias do homem para a produção; a revolução agrária, que liquidou as terras comunais e formou um proletariado sem posse, à mercê das leis de oferta e de procura, pronto a vender sua força de trabalho no mercado; a substituição da manufatura pela grande indústria mecanizada e a organização do sistema de fábricas, graças a inventos sucessivos; o desenvolvimento do comércio internacional e a posição monopolista da Inglaterra no mercado de algodão do mundo; o tráfico de escravos e a política colonial baseada no trabalho escravo, que asseguraram a acumulação primitiva do capital na Inglaterra e a projetaram como potência industrial do século XIX no mundo.

Tal domínio do mercado mundial pela Inglaterra criou no seio de sua classe operária uma camada privilegiada "burguesa" de proletários. Já Marx e Engels no século XIX queixavam-se do espírito burguês dessa aristocracia operária. O desenvolvimento posterior do movimento operário inglês, reduzido a uma ação

---

9 Edição inexistente no Catálogo da Biblioteca Maurício Tragtenberg, impossibilitando o registro de outras informações. Consta deste Catálogo: MARX, K. *Oeuvre complète*. Paris: Editions Sociales, 1957. [N. O.]

puramente econômica em bases sindicais, deu razão a Marx e a Engels. No entanto, na perspectiva do mundo do século XX – choque entre imperialismo americano e russo – no qual as forças socialistas revolucionárias se achavam situadas entre os dois polos acima citados, a posição histórica do operário inglês, educado nas necessidades da grande indústria atual, não contaminado pelo stalinismo nem cansado com as sucessivas derrotas que afligiram o operariado francês e italiano, pôde assegurar para si uma posição de vanguarda na luta pelo socialismo internacionalista e revolucionário.

Capítulo 5
Capitalismo norte-americano

O capitalismo e a burguesia norte-americanos nascem sem as "coincidências culturais" que atuaram na formação do capitalismo europeu.

Ela [a revolução] tinha mostrado que em países de cultura já antiga, com uma estrutura de classe bem desenvolvida, providos de uma consciência moral na qual todas as ideias tradicionais estão em desacordo com os processos de trabalho empregados secularmente, a República não é, de um modo geral, senão a forma de transformação política da sociedade burguesa. A República não pode ser, nessas condições, a sua própria forma de conservação. Por exemplo, o caso dos Estados Unidos da América, em que as classes já constituídas, mas não fixas, ainda se modificam e substituem frequentemente, ao contrário dos seus elementos constitutivos. Aí nos Estados Unidos os métodos de produção moderna, em lugar de corresponder a uma superpopulação constante, compensam muitas vezes a falta relativa de braços e cabeças, o novo e febril movimento de produção material, que tem um mundo novo a conquistar, não possui nem tempo nem ocasião para destruir o velho mundo espiritual. (Marx, 1928, p.33)

A burguesia norte-americana nasceu livre, não se formou na luta contra o feudalismo; daí a razão de ter desenvolvido uma consciência de classe puramente pragmática, na qual os valores econômicos primavam, enquanto na Europa a tradição humanista se integrava no contexto de todas as classes sociais, adquirindo uma expressão própria.

Enquanto isso, o proletariado norte-americano formou-se numa época histórica sem toda a tradição de luta do europeu, daí sua consciência de classe ter um cunho "economista" e sua consciência organizatória, um cunho "sindicalista".

A revolução puritana infiltrou-se em grande número de aspectos da tradição norte-americana. Anulou os entraves que se opunham ao empreendimento individual; nisso desenvolveu nosso institucionalismo econômico. Não arraigaram, pois, em terra americana, um sistema feudal de exploração, nem a organização agrária comunal, nem os grêmios monopolísticos. (Hacker, p.91)

Os Estados Unidos, após a guerra da Independência, contavam com 3 milhões e 200 mil habitantes, dos quais 600 mil eram escravos. Daí resultou o estímulo industrial, que se deu basicamente pela extensão do mercado com a construção de estradas e a abertura do Canal do Eire (1825).

Devido à recusa da Inglaterra em fornecer maquinário aos colonos, a revolução industrial norte-americana iniciou-se cinquenta anos depois da Independência.

"Se a América fabricasse um só fio de lã, uma só ferradura, eu a encheria de soldados – dizia o primeiro ministro" (Maurois, 1959, p.348).

Aí notamos uma diferença básica entre o imperialismo do século XIX e o do século XX; o imperialismo industrial baseava--se na pura exploração e rapina dos países dominados, no entrave total de qualquer desenvolvimento industrial. Ao imperialismo do século XX, ao contrário, interessava o maior desenvolvimento das forças produtivas dos países dominados, tanto para o fornecimento de matérias-primas como para a ampliação de mercado para seus produtos; é claro que esse desenvolvimento é limitado aos interesses do imperialismo às diversas conjunturas políticas concretas.

A colonização americana foi basicamente britânica e protestante. As quatro províncias nativas de Nova Inglaterra, fundadas pelos dissidentes puritanos ingleses, e as quatro do centro, em torno de Nova York e Filadélfia, eram "colônias de povoamento", isto é, todas as funções econômicas cabiam ao grupo, que desenvolvia uma economia comunal autossuficiente. A esta elite inicial, autodirigida, pode-se atribuir a criação do espírito cívico norte-americano.

A situação das cinco colônias sulistas era diferente; eram exploradas por ricos plantadores que, no início, utilizaram os convictos e, no século XVIII, escravos negros. Eram "colônias de exploração". No entanto, ianques nortistas igualitários e gentis-homens sulistas aristocratas vinham de um elo comum da civilização inglesa e protestante. A América na sua formação religiosa é essencialmente calvinista; isto vale também para o aspecto social.

A despeito das influências luteranas devido à imigração alemã, seu espírito é antípoda do luteranismo. Lutero pede ao cristão que sirva ao Estado materialmente e não com a alma.

Para Calvino, religião e vida prática fundem-se. Na sua concepção, a célula verdadeira da vida religiosa é o grupo, não o indivíduo. A democracia puritana contém, portanto, deveres ao lado de direitos. Do respeito extraordinário de Calvino pelo trabalho, considerado como "vocação", resulta ser a eficiência fática manifestação de virtude cristã. Assim o melhor cristão é aquele que possui maior rendimento. O espírito pragmático americano encontra aí seus alicerces ideológicos.

Grande parte da imigração para os Estados Unidos foi motivada pela Revolução Industrial que se desenvolveu na Inglaterra:

> A segunda corrente de imigrantes de Massachusetts recrutou seus elementos no condado do Sul e Leste da Inglaterra. Precisamente esses condados haviam sofrido uma profunda transformação econômica nos inícios do século XVII. Nestas zonas, o movimento de depressão iniciou-se logo, os salários eram baixos e a importante indústria têxtil, que se desenvolvia como um complemento da agricultura, entrou em 1625 em prolongada depressão. Tanto os fidalgos como os trabalhadores viam-se obrigados a emigrar para fugir a estas dificuldades. (Kirkland, 1947, p.35)

Outro elemento mobilizado como força de trabalho nas colônias da Nova Inglaterra era o delinquente. Chegando aos Estados Unidos, era colocado como aprendiz dependente de um amo por alguns anos. Antes do século XVII tinham sido deportados 500.000 escravos brancos. Nas plantações do Norte, os camponeses eram obrigados a pagar imposto, submeter-se à corveia e a pagar uma renda pela terra. A existência de muitas terras livres, nas quais o camponês podia refugiar-se para escapar às medidas compulsivas dos latifundiários, impedia que se desenvolvesse a escravidão como no Sul; além disso, o desenvolvimento industrial do Norte efetuou-se na base da utilização do trabalho livre em substituição ao escravo, menos produtivo.

No Sul, nos inícios da colonização, os latifundiários cederam parcelas de terra aos colonizadores, em troca do pagamento de um censo e de prestação de corveia. No século XVII as plantações do Sul empregavam escravos brancos na categoria de servos contratados. No entanto, estes começaram a ser paulatinamente substituídos por escravos negros, que podiam servir por toda a vida, enquanto os brancos serviam durante certo tempo. Chegaram a perfazer um total de 500 mil numa população de 2 milhões e meio. Nessas colônias havia uma indústria doméstica, enquanto nas do Norte, que formavam uma União, em 1642,

O capitalismo no século XX

com o nome de "Nova Inglaterra", a situação era diversa. Observava-se um desenvolvimento paralelo da agricultura e indústria manufatureira. A madeira de construção permitia a construção de barcos baratos; e até o fim do século XVII, três quartos do comércio da América do Norte com a Europa eram feitos por embarcações norte-americanas. Além de satisfazer os pedidos da cidade e das colônias de artesãos, a produção de alcatrão, vinhos e madeiras era exportada para a Inglaterra.

Desde a fundação das colônias, desenvolveu-se uma indústria têxtil, surgindo a indústria algodoeira que empregava de 200 a 300 operários e aprendizes.

A lei pela qual as terras do interior do continente arrebatadas aos franceses não podiam ser colonizadas, servindo desta forma aos interesses dos latifundiários nortistas e impedindo a imigração de camponeses para o Oeste, provocou uma onda de indignação contra a Inglaterra.

As colônias americanas impedidas de exportar lã, de construir fundições de aço, de exportar maquinários ou de receber mecânicos imigrantes da Inglaterra revoltaram-se contra essa situação.

Às medidas tomadas pela Inglaterra juntou-se a promulgação da Lei dos Selos, em 1765, que instituía um sistema de impostos sobre todas as transações comerciais, inclusive a venda de jornais.

Em Massachusetts formou-se um governo revolucionário, e em vários lugares formaram-se "Comitês de Correspondência" dedicados à convocação de um Congresso de representantes de todas as colônias. Em 1774, reuniu-se na Filadélfia o Primeiro Congresso Continental, que declarou um boicote contra os produtos ingleses, não se dissolvendo sem formular uma Constituição para as Colônias.

O segundo Congresso, em 1775, dominado pelos *wighs*, que eram pela separação completa da Inglaterra, adotou uma "Declaração dos Direitos do Homem", segundo a qual "todos os homens nasciam iguais e possuíam iguais direitos" e tinha o povo o direito de derrubar o governo quando julgasse que ele não defendia seus interesses. Declarava que as colônias ficavam livres de toda a lealdade à Coroa Britânica.

A base social dos *wighs* era constituída por agricultores que exigiam a ocupação livre dos territórios do Oeste. Tinham o apoio dos operários de manufatura, artesãos e pequenos-burgueses citadinos. Uniu-se aos rebeldes uma parte da alta burguesia norte-americana que esperava aproveitar a emancipação como oportunidade para apropriar-se das terras que pertenciam aos nobres ingleses. A guerra contra a Inglaterra, que durou sete anos, desenvolveu-se sob forma de guerrilhas; o triunfo dos colonizadores contra a Inglaterra deveu-se à manobra política de Benjamin Franklin, que resultou na declaração de guerra da França à Inglaterra. A formação do novo governo baseava-se nos artigos da Confederação, formulados pelo segundo Congresso, que se reuniu em 1776. Segundo essa Constituição, o governo dos Estados Unidos era o Congresso formado por representantes de diversos Estados. Os governos locais não estavam subordinados a ele; seriam um intermediário caso surgissem disputas entre os Estados. O poder estava centralizado nas mãos dos governantes locais dos Estados, dentro dos limites de seu território. Tal Constituição era o produto da rivalidade entre a ala nortista e a sulista da burguesia, na luta pelo poder do governo central. Tendo-se tornado, depois da guerra, um país politicamente independente, os Estados Unidos permaneciam, contudo, economicamente subjugados à metrópole britânica.

Nas primeiras fiações e tecelagens do Estados Unidos, as máquinas eram movidas por menores de 11 anos de idade; pouco depois é que foi introduzida a energia hidráulica. Em 1792, Whitney inventou o descaroçador de algodão com o qual o operário produzia tanto quanto cinquenta trabalhadores manuais. Isso facilitou a extensão da fiação e tecelagem recém-nascidas, incentivando o aumento do território para o cultivo do algodão.

O capitalismo no século XX

Em 1805 havia nos Estados Unidos 4.500 fusos em teares mecânicos; em 1860 havia já 5.200 fusos na indústria têxtil.

Em 1850 a população perfazia o total de 23 milhões e 200 mil habitantes, dos quais 2,5% viviam em cidades, em agrupamentos de 8 mil habitantes. Em 1890 havia 62 milhões e 600 mil habitantes, dos quais 13% viviam nas cidades. Mais de 13 milhões de imigrantes haviam penetrado nos Estados Unidos nessa época, 80% dos quais eram ingleses, irlandeses, alemães e holandeses. Dada a enorme extensão do país, a fusão dos Estados de Nova Inglaterra numa economia unitária só foi possível com o grande incremento das construções ferroviárias, que em 1850 já atingiam 14.500 km, e em 1890 chegavam a 268.409 km, enquanto a Europa toda possuía 224.000 km. Já em 1840 se fabricavam locomotivas. Sua extraordinária evolução trouxe grande desenvolvimento à indústria de ferro e aço e iniciou-se a exploração das minas de carvão.

Por outro lado, esse desenvolvimento industrial chocou-se com a mentalidade do imigrante que não vinha para ser assalariado, mas para se tornar um pequeno proprietário. Nessas circunstâncias, a invenção de máquinas capazes de economizar força de trabalho tornou-se uma questão vital para a indústria nascente. Isto fez com que, já em 1840, houvesse indústria racionalizada ocupando centenas de milhares de trabalhadores.

Além de ouro e prata, que em 1760 alcançaram 57 milhões de dólares, a exportação em 1889 atingiu perto de 80 milhões de dólares. Esse desenvolvimento não cessou nem mesmo durante a Guerra Civil (1860-1865). Com um milhão de trabalhadores servindo no Exército, a invenção de máquinas foi incentivada, reduzindo ao mínimo possível o trabalho manual.

Antes da Guerra Civil, considerava-se a livre concorrência como a alma da economia americana. Mas, sob a proteção das tarifas aduaneiras de guerra, apareceu o domínio monopolista sobre o mercado, estabelecendo-se *pools* entre os competidores. No entanto, apesar da campanha antitruste, que encontrava seu eco na Lei Sherman, os monopólios constituíram-se em um Comitê que concentrava as ações pertencentes às empresas, do que resultou a completa fusão das empresas em gigantescas sociedades por ações, como a Steel Corporation, a Standard Oil etc. As massas tiveram seus padrões de vida elevados em decorrência desse desenvolvimento econômico; após a Guerra Civil, elevaram-se as diferenças entre os salários, e os capitais foram a alturas jamais atingidas antes. Iniciou-se a era dos magnatas do petróleo, ferro e carvão. Outro fato aliou-se a essa transformação: as terras incultas esgotaram-se e o imigrante não pôde como antes tornar-se um agricultor rico, sendo obrigado a procurar trabalho nas fábricas e minas. Isso motivou a formação de uma classe operária que, em 1880, contava já com 2 milhões e 700 mil operários e em 1890, com 4 milhões e 200 mil componentes.

Constituindo a Federação Americana do Trabalho um organismo monopolista do mercado de trabalho, somente os trabalhadores organizados sindicalmente podiam empregar-se. As mercadorias em cujas condições de produção se cumpriam as condições de trabalho impostas pelos Sindicatos eram assinaladas por etiquetas especiais; o Sindicato monopolizava o trabalho, o *trust* monopolizava o capital. A classe operária americana ainda não encontrou sua expressão própria, não possui um partido político operário, desenvolvendo sua luta num plano puramente econômico e de maneira sindicalista.

A direção dos sindicatos americanos representa mais a burguesia que o próprio proletariado; isso é um fenômeno característico de todo país onde o capitalismo se desenvolve cedo, e há a corrupção dos dirigentes operários, que, em troca, encaminham a luta de classes pelo rumo reformista, economista e sindicalista.

Com a formação do CIO (Congress of Industrial Organizations), organizaram-se mais 3 milhões e 718 mil operários coligados em 30 sindicatos.

O capitalismo no século XX

O capitalismo americano desenvolveu-se fora das lutas que tiveram como palco a Europa; com a Doutrina Monroe, expandiu-se para a América Latina; com a Primeira Guerra Mundial, da qual participou preventivamente, enfrentou-se com os grandes problemas da Europa e do mundo.

Após a Segunda Guerra Mundial, os Estados Unidos aparecem como o imperialista capitalista típico, que não só se preocupa com os problemas mundiais, mas também os dirige.

Capítulo 6
Rússia

Os dez últimos séculos da expansão russa foram marcados por uma constante luta entre as autoridades e as famílias para obrigá-las a colonizar a terra.

Durante muito tempo a índole econômica do bosque e da técnica agrícola estavam em certo grau de imobilidade devido ao caráter extensivo da economia das tribos eslavas.

A escassez de lugares adequados obrigava-os a avançar pelas margens dos rios, fomentando a criação de colônias separadas entre si.

Em relação aos servos anteriores, carecemos de dados para decidir se foi a coação dos príncipes subordinados, ou comerciantes e aventureiros que desempenhavam o principal papel na colonização, ou se foi a colaboração voluntária de homens livres. Até 1861 o elemento monástico representou papel importante na colonização interna.

Existiam na Rússia, de um lado, tribos eslavas que constituíam a força étnica preponderante, capaz de determinar o de-

77

senvolvimento cultural e econômico de todo o território. Determinados elementos germânicos (escandinavos) também desempenharam certo papel na civilização russa.

Os homens do Norte deram à Rússia sua dinastia, que produziu seus governantes.

A infiltração dos povos do Norte deu-se em dois sentidos: a superioridade militar que correspondia aos elementos germânicos invasores e o poder econômico que se achava com os eslavos, possuindo sua própria aristocracia agrícola, que passava por um processo de escravização.

A concepção germânica de realeza é de origem indo-europeia. O rei é um personagem sagrado, *heilig*, e portanto sacerdote e mago. Como sacerdote, tem ele a função de servir de intermediário entre seu povo e os deuses. Como mago, conhece as fórmulas, os signos pelos quais o iniciado tem poder sobre a natureza, a vida, os homens e o próprio destino. Seu poder político deriva da eficácia de seu poder oculto. O sangue, todo o direito real, tem sua base exotérica nesta palavra *heilig*.

Entre os germânicos a legitimidade pessoal é débil, enquanto a dinastia é poderosa. O que se trata aqui é de sangue; por conseguinte, a família real, num sentido lato de clã; o conjunto de descendentes do primeiro antepassado real ou mítico: nesse caso, os descendentes de Rurik.

Mas Rurik não é o rei. É um jovem chefe, que se colocara à frente de uma expedição. O chefe, o rei, está na direção de um grupo de leais; eles obedecem ao homem, não ao monarca. Com aquele homem, cujas qualidades conhecem, fazem um pacto de aliança temporária, ou perpétua, válida na paz e na guerra. Essa aliança baseia-se na palavra dada e no juramento. O companheiro promete servir seu chefe dignamente. Por sua vez, o chefe compromete-se a não o desamparar. Sua aliança é perpétua; acolhe-o em sua casa e sustenta-o como membro da família. Isto equivale a dizer que os companheiros são solteiros e que o matrimônio põe em perigo o princípio eterno de sua missão.

O capitalismo no século XX

Em tempo de paz os fiéis formam sua guarda e são providos de empregos na corte. Os servidores do rei convertem-se em seus ministros. Opera-se uma divisão no pessoal da guarda. Os jovens, mais ardentes, são elementos dispostos às expedições e aventuras. Os "velhos" formam um Estado-Maior ou um conselho. Para estes o rei reserva altos cargos.

Todo chefe necessita, além de impor autoridade, reunir um núcleo importante de partidários, atraindo-o mediante outorga de regalias. Quando não se acha em condições de recompensar seu pequeno exército, este o abandona, convertendo-se num exército mercenário.

A missão desses príncipes varegos era assegurar o tráfico entre o Báltico e o Mar Negro. A primeira missão da guarda era escoltar os comboios e policiar as rotas.

No início, a guarda só era constituída de varegos. Mas como entre os indígenas das cidades se forma uma classe de guerreiros e mercadores, os príncipes obtêm vantagens na incorporação na guarda de elementos desse patriciado em formação. A guarda converte-se num crisol no qual se opera a fusão entre varegos e eslavos.

Assim, o nome de russos, reservado primitivamente aos varegos, passa a essa aristocracia indígena e se estenderá mais tarde ao conjunto de povos da Rússia.

Os maiores da guarda são tratados como homens livres unidos ao soberano por vontade própria. Da guarda nasce a nobreza rural boiarda.

A primeira Rússia, a de Kiev, é uma sociedade de guerreiros e mercadores. Ela não está baseada no regime feudal, como a civilização ocidental nessa época.

Na Rússia kieveana as extensões territoriais são grandes, e a população, disseminada. A imensa planície não convida à sedentarização. Não existe, pois, apego à terra.

Sob a classe superior da nobreza e dos mercadores insere-se uma classe de camponeses livres sujeitos ao serviço militar.

Essa classe dispersa-se pelo país, onde, para a própria segurança, agrupa-se em aldeias. A grande propriedade é o vínculo entre a cidade e o campo. A riqueza rural alia-se à mercantil e à constituída pelos escravos.

Outra consequência é a servidão, cuja origem se radica no endividamento dos camponeses aos proprietários.

O que se conhece por civilização da primeira Rússia restringia-se a ser um privilégio de uns quantos príncipes e um certo número de mercadores ricos.

A característica básica desse período é o caráter urbano da civilização devido à rota do Mar Báltico, pela intervenção dos varegos e pelo fato de que num dado momento foi a Rússia o único intermediário comercial entre a Europa e a Ásia.

No desenvolvimento ulterior da Rússia aparecem grandes contradições sociais, pois para se exercer a atividade agrícola era necessário possuir considerável poder econômico, o que determinou a divisão da povoação russa em:

1) Uma classe inferior de cultivadores dependentes; e
2) Uma classe superior de proprietários territoriais legitimamente independentes.

O poder econômico e social, porém, não provinha da propriedade agrária em si.

Havia considerável quantidade de terra livre. Portanto, no que se refere ao seu primitivo regime agrário, não se pode dizer que houvesse monopólio da terra. Havia terra em grande quantidade, mas o capital agrário encontrava-se nas mãos de uma pequena minoria: as classes superiores. As classes sociais nessa época estavam assim estruturadas:

1º) No sentido jurídico, a camada mais baixa da sociedade era representada pelos elementos não livres. Dividiam-se legalmente em escravos e "ministeriais". Os primeiros, encarregados dos

O capitalismo no século XX

trabalhos manuais; os segundos administravam em nome de seus donos. Ainda que carecessem de liberdade poderiam ter sua própria casa, mas não como proprietários, a propriedade no sentido jurídico só podia ser desfrutada pelos livres.

2º) Acima dos escravos e "ministeriais" estavam os não livres, que utilizavam o capital agrícola pertencente a outros e tinham por isso que cultivar a terra que não era sua. Não podem ser designados como escravos ou servos; eram arrendatários com liberdade de residência. Eles deviam cultivar a terra pessoalmente, convertendo-se em camponeses no sentido moderno. Durante a segunda metade do século XV a propriedade dessas camadas superiores completava-se com o "direito de segregação", o qual, levado aos últimos limites, supunha o direito de separar do Estado o que estava nas mãos dos proprietários territoriais.

3º) No cume estavam os príncipes governantes com plenos poderes.

Existiam príncipes dependentes de outros príncipes, mas com certos atributos de poder soberano e que eram magistrados em repúblicas como Novgorod e Pskov.

4º) Príncipes serventes que se achavam a serviço de outros príncipes.

5º) Príncipes sem propriedade, que por qualquer razão eram privados das vantagens conseguidas pelo *status* social anterior.

Na época, não existia um Estado unificado, havia muitos Estados nos quais os príncipes eram magistrados e não soberanos. Mas existia o poder principesco monopolizado: Rurikovitch.

Nas relações agrárias o príncipe teve um amplo papel. Ele era um proprietário territorial privilegiado, cavalheiro, fazendeiro. Impunha taxas à povoação, julgando-a pelo poder judiciário, com base nas suas faculdades físicas. Possuía o direito de recrutar exércitos, os quais chefiava. Da combinação da situação do príncipe com a do proprietário fazendeiro, unidas à sua autoridade militar, estruturou-se sua oposição em relação aos cultivadores livres, como em relação aos proprietários territoriais cujas terras eram arrendadas por grande número de cultivadores livres.

Aqui não se pratica o regime de dotes, que consiste em feudos distribuídos pelos soberanos de acordo com o sistema de rotação entre os membros da família real.

Agora a terra é propriedade privada que se pode legar a seu filho maior, distribuir entre os filhos ou vender. Não é patrimônio de transmissão hereditária obrigatória. Nada mais antifeudal no sentido ocidental que isso. Essa ordenação não gera uma nota característica do feudalismo ocidental: a estirpe. Nem sequer este bem de família é confiado ao primogênito, elemento ao qual a tradição, a herança e a experiência designam como mantenedor e defensor da possessão. Isso também é antifeudal.

Os boiardos, classe dos antigos membros da guarda, não são vassalos, estão ligados ao príncipe por um juramento recíproco de serviço. Podem abandoná-lo sem perder a honra e as possessões. O príncipe é para eles menos um soberano que um patrão (no sentido comercial). Outro traço antifeudal ocidental.

Abaixo dos boiardos havia os homens livres que perdiam suas terras ao abandonar o serviço do príncipe.

Num plano inferior estavam os camponeses, que, como granjeiros, cultivavam as terras da propriedade pessoal dos príncipes.

Finalmente, havia os escravos, que não tinham direito de abandonar seus amos.

Vêm, depois, os mercadores e o grosso dos camponeses. Os mercadores, pouco numerosos, não constituem como na Europa Ocidental um estamento organizado com seu estatuto jurídico e seus privilégios. É, pois, sobre o camponês que cai o peso do fisco.

Esse é um dos traços mais antifeudais que oferece a Rússia, pois o feudalismo ocidental se baseia na autonomia dos grupos históricos.

O capitalismo no século XX

A emancipação dos servos, em 1861, deu-se 12 anos após o desaparecimento da servidão na Prússia e na Áustria, e vinte e sete anos após o desaparecimento na França.

Devido ao fracasso da Rússia na Guerra da Crimeia, tornou-se necessária uma remodelação nas instituições, principalmente na fundamental, que era a servidão.

De 1825 a 1835, as fábricas – ramo têxtil – trabalhavam com mão de obra assalariada, devido ao declínio da servidão. O mercado da mão de obra estava limitado pelos privilégios que concediam o direito de possuir servos adquiridos somente à nobreza e à classe média. O nível do consumo interno era muito baixo.

Na Grande Rússia mais da metade dos donos de servos era de pequenos proprietários, tendo cada um menos de dez servos; seus interesses e pontos de vista eram muito diferentes dos grandes proprietários territoriais, que possuíam centenas e milhares de servos.

Essas divergências aumentavam pela grande extensão do cultivo do trigo, principalmente para a exportação no baixo e médio Volga. Nessa região, sobretudo, a maioria dos donos de servos considerava a mão de obra assalariada mais conveniente que a servil.

A servidão em toda sua plenitude durou mais na Rússia que nos países ocidentais, porque seus inconvenientes econômicos apareciam menos que suas vantagens; porque o aumento da povoação não trouxe uma escassez de terras suficientemente aguda para os camponeses, até a primeira metade do século XIX; porque a reação contra a Revolução Francesa fortaleceu a inércia, no que diz respeito a qualquer instituição tradicional, e, finalmente, porque a servidão não só era a base econômica dos proprietários de servos, mas, sim, a base fundamental do Estado Russo.

Os donos dos servos não pagavam qualquer imposto direto, mas precisavam prestar ao czar serviço militar; reagiram e, a partir de 1730, o serviço na Marinha de Guerra perdeu o caráter com-

83

pulsório. Em 1736, estabeleceu-se uma redução do serviço obrigatório a 25 anos. Em 1762, conseguiram de Pedro III a abdicação de todo o serviço.

Esse édito suprimiu a justificação formal da servidão; os servos tinham que servir diretamente ao Estado, pelo imposto individual e pela conscrição; e seus donos tinham que servir ao Estado, proporcionando-lhe oficiais para o Exército.

Se os donos não tinham que servir o Estado, por que haveriam os servos de servir seus donos?

Houve rebeliões camponesas que obrigaram um segundo édito, que os libertava de seus amos.

Pedro III foi destronado e assassinado, em 1762, por uma conspiração palaciana. Esse édito assinalou o começo da moderna diferenciação entre os proprietários territoriais e a burocracia; isso porque se continuou pensando que era uma coisa correta, além de lucrativa, ficar a serviço no governo ou no exército.

A nobreza e a classe média não conseguiram manter seu "Estado" fechado, apesar de impedirem outras classes de adquirir legitimamente terras, ou novos servos para suas fábricas ou minas; por outro lado, conseguiram planos de propriedade sobre os bosques e minerais de suas propriedades, direitos que haviam sido negados ou limitados por Pedro, o Grande. O servo estava de certo modo ligado à terra, por não poder abandonar a parcela de terra sem o consentimento do proprietário. Entretanto, não estava ligado ao solo, uma vez que podia ser empregado pelo amo em suas fábricas e oficinas. Quando os servos pagavam seus serviços sob forma de renda em dinheiro ou espécie, tinham uma liberdade relativa, podendo trabalhar como assalariados para outros patrões. Ao vender suas terras, o amo podia vender seus servos, individualmente ou com suas famílias. A servidão era hereditária; era facultada ao amo a venda da liberdade. Alexandre I facilitou a libertação camponesa proporcionando meios jurídicos para a libertação voluntária de servos com terra. Mas essa libertação custava demasiado e apenas 50 mil ser-

O capitalismo no século XX

vos puderam emancipar-se durante o seu reinado. Mais da metade dos camponeses não eram servos; formavam diversas categorias de "camponeses de Estado", sujeitos a impostos por cabeça, ao pagamento da renda sob a forma de vários serviços, como a construção, transportes etc.

Dá-se a formação do regime litúrgico baseado na servidão dos cultivadores e nos serviços obrigatórios da nobreza territorial.

Pode-se considerá-lo um feudalismo de Estado que, em suas características legais, aparece como oposto ao clássico feudalismo ocidental.

O feudalismo é um regime fundado no reconhecimento legal das relações de caráter obrigatório entre ambas as partes: o serviço do vassalo e a concessão do soberano. Nesta base, estabelece-se um laço contratual indissolúvel entre o serviço e a concessão da terra, entre a obrigação pessoal e o direito real.

O direito de separação, isto é, a combinação do direito de romper os laços que impõem o serviço com a completa inviolabilidade das possessões agrícolas, supõe uma negação direta dos fundamentos legais e econômicos do feudalismo.

Só se pode falar em feudalismo no momento em que o "direito de separação" dos proprietários da terra livres e privilegiados caía em desuso. Esse processo iniciou-se em 1350. O feudalismo russo, no meio e final da Idade Média russa, difere muito do ocidental pois não se funda na obrigação de fidelidade mútua entre vassalo e soberano; ao contrário, é parte integrante do sistema de Estado: constitui-se nesse período, na base de serviços obrigatórios em favor das classes superiores e servidão para as inferiores.

Foi um sistema de feudalismo de Estado, no qual todas as relações legais tiveram um caráter público raramente delimitado. O processo de formação desse Estado litúrgico foi duplo, no que se refere aos vassalos; a camada superior dos príncipes vassalos perdeu seu direito de mudar de soberania; como do mesmo modo a faculdade de "separar-se" que constituía antes

85

uma faculdade "internacional" de eleger vassalagem, converteu-
-se em alta traição. Os servidores da classe inferior, em princípio não livres, os "ministeriais" russos, formavam agora a camada inferior dos "vassalos livres de linhagem cavalheiresca".

Esse processo de emancipação pessoal das camadas superiores dos não livres produziu, juntamente com a sujeição de toda a classe oficial ao serviço obrigatório do Estado, outro processo de formas e métodos complexos, que pertencia simultaneamente ao direito público e privado, pelo qual os cultivadores arrendatários tinham que trabalhar forçosamente para a classe oficial.

Do ponto de vista jurídico formal, a transformação da primitiva "ministerialidade" russa em serviço de benefício ao Estado foi de grande importância para a formação do Estado litúrgico russo. Conduziu não tanto à feudalização do primitivo regime agrário, mas à estatização completa de todas as relações agrárias na base de "serviços de Estado".

O conceito de feudalismo russo desenvolveu-se muito debilmente, em relação ao Ocidente.

Enquanto, pelo contrário, se reconhecia ao vassalo "o direito de separação" do seu senhor e se adotavam formas que parecem ter sido excepcionais.

Quaisquer que sejam as semelhanças feudais que existiam, não se podia equiparar a "nenhuma terra sem senhor".

A povoação era muito escassa e dispersa, a família era a unidade fundamental e os grandes campos abertos constituíam exceções.

Os camponeses silvicultores, caçadores e artesãos haviam sido divididos econômica e juridicamente em várias classes com diferentes direitos e obrigações que iam desde o escravo sem liberdade, propriedade absoluta de seu amo, até o "estrangeiro" independente de Novgorod.

A linha que separava a liberdade da escravidão era uma carga; obrigava à contribuição ao Estado.

As "terras negras" eram comunidades que tinham que pagar essas contribuições diretas.

Os que se chamaram depois "lavradores negros" eram os camponeses livres que pagavam contribuição agrupados em aldeias. Eram coletivamente responsáveis pela repartição de impostos e serviços. Outros camponeses viviam em terras de proprietários territoriais eclesiásticos na qualidade de servos, escravos submetidos ou totalmente escravos. Estas duas últimas classes não eram livres; sua liberdade consistia na obrigação de pagar contribuições direta ou indiretamente ao Estado; as imunidades jurisdicionais e fiscais concedidas pelos grandes príncipes aos grandes terra-tenentes, em especial aos mosteiros, suprimiram em grande parte o contato direto com o Estado dos servos adstritos às suas terras.

De 1500 a 1700 houve uma mudança estrutural, pela qual se deu a estratificação que transformou metade dos camponeses em uma classe única de servos dos proprietários de terra, os "camponeses escriturados"; a outra metade converteu-se em diversas categorias de camponeses de Estado, a maioria delas semelhantes aos servos.

Na época de Ivan, o Grande (1452-1505), deu-se a nova mudança estrutural; a nova concepção de Estado, que punha o Czar na altura suprema como regulador dos serviços obrigatórios e dono de toda a terra.

Para o novo tipo de "homem de serviço", de mediana e escassa importância, as concessões de terra eram de pouca utilidade. Se lhe entregassem "terras negras", tinha de povoá-las também. Os que tinham de pagar impostos ou realizar uma classe de serviços deviam ser controlados de alguma maneira. Para isso, estabeleceram-se os cadastros no fim do século XV; os registros de investigações estenderam-se até os século XVI e XVII.

Os camponeses livres, em sua maior parte, haviam tido o direito de separar-se dos proprietários de terra num dia do ano, que corresponde na Rússia ao dia de São Miguel, quando tivessem pago a contribuição.

Na medida em que a caça de braços tornou-se mais intensa, os proprietários de terra exigiram pleno direito de reclamar os camponeses fugitivos, de impedir a maior aquisição de camponeses por proprietários territoriais mais ricos e a abolição de todo o "direito de separação". Outro fator importante para explicar a causa do robustecimento e extensão da servidão e da escravidão.

Os escravos eram utilizados para fins domésticos e administrativos; só no século XVI é que se generalizou o aproveitamento de seu trabalho para a terra.

A pobreza e o endividamento obrigaram esses homens a entrar na classe dos escravos temporários ou submetidos.

Os escravos não eram "negros", não pagavam nenhum imposto ao Estado. Daí a razão de o Estado fazer todo o possível para impedir o aumento do número de escravos. Desde 1680 o Estado impôs uma contribuição a esses escravos ligados à terra. Do mesmo modo, a partir de 1731, recolhiam, dentro de sua rede fiscal, a classe heterogênea dos jornaleiros e artesãos comunais que careciam de terras.

Apesar de tudo, os interesses do proprietário de terra e do Estado eram análogos, pois ao Estado interessavam famílias estáveis, que proporcionassem os homens necessários ao serviço militar e contribuintes fixos.

Assim como os "homens de serviço", com suas concessões temporárias de terras que se haviam convertido em propriedades permanentes, tinham a obrigação de prestar um serviço forçado ao Estado, também os camponeses tinham que prestar um serviço obrigatório, assegurando suas bases econômicas. A agricultura e os "homens de serviço" converteram-se não só na classe que proporcionava os oficiais para o Exército e os funcionários para a burocracia, como na classe dos oficiais no grande Exército agrícola dos camponeses.

A transformação gradual da classe camponesa em duas extensas classes, os servos "escriturais" dos proprietários de terra e os "camponeses de Estado", adiantou-se muito na época de Pedro, o Grande; basicamente porque ele fixou um imposto de contribuição por cabeça sobre os varões que não fossem nobres, suprimiu todas as distinções que não fossem da nobreza ou da alta classe média e do clero. Suprimiu todas as distinções entre escravos e camponeses que pagavam impostos; aglomerou-os como contribuintes que pagavam impostos por cabeça, como "servos escriturados", camponeses de Estado ou cidadãos registrados. Esse imposto, apesar de representar mais da metade dos ingressos do Estado, falhou num de seus objetivos essenciais: o de cobrir o déficit orçamentário, que era crônico.

Foram três as consequências importantes desse imposto:

1ª) Em 1731, tornou os donos dos servos responsáveis perante a lei pela cobrança de imposto por cabeça de seus servos. Dessa forma o Estado ligou-se mais do que nunca aos proprietários de servos. Com o fim de impedir o esgotamento dessa fonte de ingressos para o Estado, exigiu-se dos proprietários de servos que ajudassem os camponeses em tempos de escassez para que a terra não permanecesse inculta.

2ª) No século XVIII, acentuou-se a quantidade de terra cultivada, isso devido ao aumento da população e ao imposto individual. Produziu-se um florescimento do comércio interno quando se suprimiram os passaportes internos (1753) e as restrições à liberdade interior do comércio de trigo (1762). Produziram-se ao mesmo tempo uma intensificação da servidão e um aumento na produção.

3ª) O financiamento prático do sistema de imposto individual, unido ao aumento da população, foi uma causa importante para o desenvolvimento da comuna, tanto em seu aspecto econômico como no fiscal e administrativo.

MIR

Na época da emancipação a maioria dos camponeses russos era agrupada em comunas de tamanhos variáveis, compostas, às vezes, de uma aldeia ou grupos de aldeias. Os traços mais essenciais da comuna do ponto de vista agrícola e econômico eram: seus possuidores eram hereditários; seus membros trabalhavam na terra por famílias, redistribuíam periodicamente suas parcelas espalhadas pelos campos de acordo com a capacidade de trabalho, com as contribuições e outras obrigações, ou com o número de componentes de cada família; os membros da comuna regulavam em comum o uso dos bosques, terras de pastagens, vivendas de terras comunais não utilizadas e aquisição de novas terras e de novos direitos para trabalhá-las.

A comuna agrícola foi um sistema produto-administrativo, se bem que tanto o Estado como os donos dos feudos tivessem influído muito sobre o seu desenvolvimento, pelo menos a partir do século XVI.

Tanto na Rússia de Kiev como no período de dominação mongólica, uma característica da sociedade era o predomínio dos contratos coletivos nas comunidades camponesas, para regular os traspassos da terra e sua utilização.

Essas comunas agrícolas eram constituídas de casas espalhadas que não contavam mais de oito ou nove famílias no máximo; era a forma usual da aldeia agrícola.

A comuna da distribuição periódica da terra não chegou a ser a característica mais saliente da comuna aplicada na maioria das partes russas do Império até o século XVIII; seu estímulo e sua introdução pelo Estado e donos de servos contribuíram para que se desenvolvesse no camponês a consciência de certo direito à terra. A redistribuição periódica foi reaparecendo pouco a pouco, devido à pressão da população sobre os recursos naturais, ao encadeamento dos camponeses pela servidão e ao aumento nos métodos de impostos diretos pelo Estado.

O capitalismo no século XX

A prática da redistribuição surgiu sob a base do trabalho associado, da propriedade e do trabalho agrícola da família; mas as comunas do Norte – quase todas elas compostas não por servos, mas por camponeses do Estado – desenvolveram-se partindo do conjunto familiar até chegar às parcelas privadas individuais que, no século XVIII, conduziram à existência de grandes variações de riqueza dos camponeses e à luta prolongada dos camponeses mais pobres contra os camponeses ricos e burgueses proprietários de terra.

Assim, pois, a comuna agrícola, desde o século XVI, desenvolveu-se de três maneiras diferentes e com desigual rapidez nas distintas partes do imenso território russo.

A comuna, tanto no campo como na cidade, era coletivamente responsável pela cobrança de impostos (até depois de 1861), e o desenvolvimento dessa e outras obrigações no transcurso dos séculos XVII e XVIII teve como resultado a fusão geral da comuna como um grupo administrativo fiscal à comuna como um grupo agrícola.

Pedro, o Grande, não aumentou o peso da servidão sobre o camponês.

O sistema de passaportes instituído por ele e o desenvolvimento pelos seus sucessores obravam no mesmo sentido, além das implacáveis levas da mão de obra forçada para construir sua nova capital, a nova frota, os novos canais e impor seu novo exército permanente.

Ocidentalização econômica

Durante a época que vai da emancipação dos servos e da Primeira Guerra Mundial à Revolução Industrial, modificou-se profundamente a estrutura da vida russa, apesar de o país ter continuado predominantemente camponês.

A emancipação dos servos (1861) e as demais reformas desta década assinalaram uma linha divisória entre a antiga Rússia e a Rússia do século XIX.

Antes da década de 1860, a indústria russa baseava-se nos ofícios manuais e domésticos. O desenvolvimento industrial que se inicia no século XVIII é organicamente ligado ao Estado, sobretudo ao Exército e à Marinha; daí a razão básica do desenvolvimento da metalurgia, fabricação de munições utilizando a colaboração técnica alemã; Pedro, o Grande, fazia uma política ligada ao capitalismo comercial nativo, mas esta classe não tinha o dinheiro suficiente para criar novas fábricas sem a ajuda do Estado.

O Estado explorava diretamente muitas minas e algumas fábricas; quando não as explorava, tinha preferência na produção.

No século XVIII, a Rússia bastava-se a si própria no referente às munições. Não sucedia o mesmo em relação à lã. Os contratos do exército russo para os produtos de lã de Yorkshire continuaram sendo, como no século XVIII, a partida mais importante das exportações inglesas à Rússia.

A Rússia suplantou a Suécia no terceiro quarto do século XVIII como principal exportadora de ferro à Inglaterra; em 1750, a Rússia produzia quase quatro vezes mais ferro que a Inglaterra.

O centro principal dessa nova indústria pesada eram os Urais, onde havia abundantes jazidas de material de boa qualidade, carvão vegetal e energia hidráulica.

Em 1800, a supremacia dos Urais começava a declinar. Nessa época, a produção inglesa ultrapassou muito a da Rússia em ferro fundido, devido à substituição do carvão vegetal pelo carvão coque e sua longa série de invenções na manufatura de ferro e aço.

Essas inovações introduziram-se na Rússia muito lentamente.

Até o ano de 1836, por exemplo, isto é, cinquenta anos após a invenção do *pudelado* (fundição) por Henry Cort, em 1784, não

O capitalismo no século XX

se fizeram na Rússia experiências sobre isso, enquanto a fusão do mineral com o carvão vegetal durou até os fins do século XIX.

Por outro lado, a primeira metade do século XIX presenciou a expansão da indústria têxtil algodoeira, concentrada em sua maior parte em Moscou ou nas suas proximidades. As elevadas tarifas protecionistas implantadas após 1822 e o ingresso da Rússia no Sistema de Defesa Continental na época de Napoleão facilitaram muito o seu desenvolvimento.

Entre 1820 e 1860, as importações de algodão bruto aumentaram mais de trinta vezes em peso, e os trabalhadores têxteis formavam o grupo mais numeroso dos operários fabris. Em algumas fábricas se empregava maquinário inglês.

Em 1842, a Inglaterra anulou a proibição de exportar maquinário; consequentemente, a indústria algodoeira russa mecanizou-se rapidamente seguindo muito mais lentamente a indústria têxtil propriamente dita.

O desenvolvimento industrial caiu nas mãos de dinastias de comerciantes-fabricantes russos, alguns servos libertos e outros comerciantes enobrecidos.

A indústria algodoeira trabalhava principalmente para o mercado interno russo, não estando ligada estreitamente ao Estado.

Existia alguma concentração de certos processos em fábricas. No entanto, a maior parte das tecelagens se encontrava nas aldeias entre Moscou e o Volga, sob forma de uma indústria doméstica organizada por capitalistas e intermediários.

A indústria de algodão nessa época recrutava sua mão de obra numa classe heterogênea de operários assalariados ou entre os servos que deviam dinheiro a seus amos, mas não serviços em trabalho.

As indústrias de pano e a metalurgia dependiam, pelo contrário, de servos adstritos a elas cuja produtividade era muito baixa.

Sob essa base de mão de obra servil, os proprietários de terra haviam combinado desde meados do século XVIII a agricultura com a manufatura, utilizando suas próprias matérias-primas em fábricas concentradas ou distribuindo-as para que seus servos trabalhassem nelas.

Existia uma concorrência muito grande para obter a mão de obra necessária, que era destinada preferencialmente às minas e fundições do Estado e às empresas dos comerciantes-fabricantes.

Essa escassez de mão de obra conduziu a classe dos latifundiários a pedir a Catarina, a Grande, privilégios na aquisição de camponeses.

Entre 1815 e 1860, diminuiu a participação dos proprietários territoriais na indústria manufatureira.

O trabalho dos servos era cada vez menos satisfatório. A legislação de Nicolau I (1825-1855) favoreceu a extensão das classes formadas pelos comerciantes-industriais, que, unidas agora a alguns setores dos latifundiários, eram partidárias da emancipação dos servos.

Os russos estavam emprestando dinheiro no estrangeiro, em Amsterdã, já havia um século e vinham debatendo com o problema do papel-moeda, desenvolvendo um sistema bancário rudimentar.

Entre 1800 e 1850, o comércio exterior duplicava. As exportações de trigo e os preços mundiais eram já, então, problemas vitais. Os efeitos da Revolução Industrial fizeram-se sentir na Rússia, principalmente no terreno militar, no qual, na Guerra da Crimeia, ficou revelada a debilidade geral da Rússia de Nicolau I, na luta contra o Ocidente.

Fazia-se necessário modernizar a Rússia a proporcionar um campo de ação mais livre às forças econômicas latentes, resultando na emancipação dos servos e na reforma de Alexandre II.

Entre 1861 e 1917, surgiu uma nova Rússia, desempenhando o Estado nessa ocidentalização econômica um papel essen-

O capitalismo no século XX

cial, sobretudo no que se refere à Fazenda e ao sistema monetário, às tarifas aduaneiras, às ferrovias etc.

Sob Alexandre II, desenvolveu-se a política de importar capital estrangeiro – o qual foi empregado, logo no início, em ferrovias e depois, estendido a todo o sistema industrial.

Witte desenvolveu (de 1892 a 1903) uma política de estimular a entrada do capital estrangeiro. Em 1911, 80% da dívida exterior oficial estava nas mãos do capital francês.

A longa série de empréstimos franceses iniciou-se de 1891 a 1893, e a exportação de capital francês à Rússia foi um fator primordial nas relações internacionais.

Em 1914, terça parte das ações das sociedades anônimas russas pertencia a países estrangeiros.

O dinheiro francês era empregado nas minas e na metalurgia; o inglês, nas empresas petrolíferas e nas empresas dedicadas à extração do ouro; e o capital francês e o alemão figuravam predominantemente no financiamento dos bancos russos.

As tarifas aduaneiras foram o terceiro meio de que se valeu a Rússia para facilitar a expansão moderna de sua indústria.

Até a Guerra da Crimeia a Rússia viveu atrás de uma muralha, salvo durante o reinado de Catarina, a Grande.

Ainda antes da Guerra da Crimeia, produziu-se uma reação contra o protecionismo elevado, mas foi a crise econômica que deu receptividade às ideias de Bastiat e Cobben. Surgiu, então, um período de vinte anos de tarifas baixas. A crise balcânica de 1876 originou uma importante elevação dos direitos alfandegários para aumentar a receita.

O retorno à proteção elevada, em 1893-1894 e 1903-1904, contribuiu para piorar as relações entre a Rússia e a Alemanha: os interesses agrícolas prussianos podiam exigir medidas contrárias às importações de trigo.

As elevadas tarifas do reinado de Nicolau I foram acompanhadas de um desenvolvimento industrial muito rápido em 1891. Começou-se a construir a transsiberiana, devido ao fato de a política econômica de Witte ter dado grande impulso à expansão de ferrovias.

Em quinze anos, 1891-1905, abriram-se quase 20 mil milhas de novas linhas; até 1917 a longitude total das linhas ferroviárias aumentou para 52 mil milhas, com outras 7 mil em construção.

A ação recíproca desses quatro fatores (ferrovias, tarifas aduaneiras, inversões estrangeiras e estímulo oficial ao capitalismo ocidental) uniu-se aos resultados da emancipação dos servos, produzindo uma revolução na economia russa.

Começou a se formar uma nova classe comercial, financeira e industrial, em parte pela transformação dos industriais e comerciantes, em parte pela aparição de uma nova burguesia ocidentalizada.

Em 1917, a cidade e o campo eram praticamente mundos diferentes, e era a cidade que marcava passo.

Em 1914, viviam no campo 4/5 da população. Em 1938, quase 1/3 dos cidadãos russos eram classificados como urbanos. Em 1914, a Rússia era um país atrasado em relação ao Ocidente, ainda que adiantado em relação à Rússia de 1861.

A indústria petrolífera havia-se desenvolvido rapidamente com capital e técnicos estrangeiros. Com isso, a Rússia converteu-se na maior produtora de petróleo do mundo até 1900.

A indústria têxtil concentrou-se entre Moscou, o Volga, São Petersburgo e seus arredores e na Polônia.

Até a revolução de 1905, ela dava emprego a 700 mil pessoas. Em 1914, havia 3 milhões de trabalhadores nas fábricas, quase 1 milhão de mineiros e 800 mil operários. Esse setor da produção era muito pequeno em relação ao dos camponeses.

Os sindicatos estiveram submetidos até 1906 à legislação criminal.

Ainda após 1905, as greves eram proibidas. Diferentemente do Ocidente, os operários russos não tinham tradição de sindicalismo independente.

O capitalismo no século XX

Na geração anterior a 1917, a maioria das classes operárias e o campesinato não tinham organizações regulares por meio das quais pudessem expressar-se e educar-se.

O ano das liberdades começou com o Domingo Sangrento (22 de janeiro de 1905) em São Petersburgo, quando os soldados do Czar metralharam o povo que conduzia uma petição ao "Paizinho".

Em resposta, exeplodiram greves por todo o país, chegando ao total de 3 milhões de grevistas durante o ano de 1905.

As reivindicações econômicas profissionais, jornada de oito horas, melhores condições de trabalho, ligaram-se às reivindicações políticas, constituição democrática, parlamento, direito de voto universal, liberdade de reunião e de organização.

Em dezembro de 1905, deu-se a sublevação armada de Moscou. O movimento carecia de coordenação, estava muito mal organizado, inclusive entre os próprios sovietes, que apareciam em parte como "Comitês de Greve", em parte como órgãos políticos. Ao movimento seguiram-se motins na Marinha e insurreições camponesas, os quais não tinham nenhuma ligação com o proletariado citadino.

A combinação da classe média com a classe operária e com o campesinato na greve geral de outubro obrigou Nicolau II a lançar o Manifesto de Outubro, que concedia, em princípio, uma Constituição e um Parlamento.

Na Duma, sob a direção de Miliukov, os democratas constitucionalistas (cadetes) queriam desenvolver o processo de democratização segundo a linha parlamentar ocidental. Os operários industriais, ainda que respondessem em massa ao apelo de greve geral em dezembro, estavam sem fundos para tal.

O governo suprimiu os sovietes de São Petersburgo sem resistência, mas em Moscou foi necessária uma semana de lutas de rua para esmagar a insurreição armada; esta foi o ponto decisivo da morte da revolução de 1905.

Os camponeses levantaram-se em motins dispersos no verão de 1906, mas foram repelidos pelas forças governamentais.

No entanto, o governo estava disposto a utilizar a Duma, o *zemstvo*, a liberdade de associação, para captar o grosso do setor liberal da burguesia e da *inteligentzia*.

No verão de 1914 houve greves contínuas em São Petersburgo, com barricadas começando a aparecer. As graves derrotas militares contra os alemães haviam determinado tal estado na Rússia que o conservador patriota presidente da Duma chegou a declarar:

"Na minha opinião a consequência disso será um estado de desorganização que ninguém poderá controlar".

A Revolução Russa

Este estado de desorganização era o reflexo da incapacidade da autocracia, cuja estruturação interna era predominantemente agrícola, para arcar com uma guerra com os Estados ocidentais, mais desenvolvidos economicamente.

No início, a revolução foi dirigida pelos cadetes democratas constitucionalistas.

Nessa época, todos os partidos, inclusive os direitistas, formaram um bloco coeso para derrubar o absolutismo.

A Revolução Russa em seu desenvolvimento equacionou esses dois problemas: o da terra e o da paz.

Esses problemas não se podiam resolver dentro dos limites burgueses de propriedade, pois o problema da terra implicava sua socialização e a distribuição cooperativa ou coletiva para o campesinato. A solução do problema da paz exigia o rompimento com o imperialismo, a negativa de continuar uma guerra iniciada em proveito dos banqueiros ocidentais.

Diante desses problemas as classes burguesas começaram marchas de idas e vindas, procurando organizar a contrarrevolu-

O capitalismo no século XX

ção, o restabelecimento da dinastia numa base constitucional ou, na pior das hipóteses, o estabelecimento de uma ditadura militar.

Essa tática de despistamento do proletariado, que as classes burguesas levaram a efeito, encontrou sua mais nítida expressão na marcha dos cossacos de Kalecine sobre Petrogrado; uma ditadura militar e o retorno ao regime monárquico seriam os efeitos de sua vitória.

Enquanto isso se processava, o Partido Bolchevique lançara a palavra de ordem "todo poder aos sovietes", assegurando a marcha da revolução.

A substituição de Nicolau pelo príncipe Lvov e a deste por Kerensky não conseguiram solucionar os problemas previamente citados; diante disso, o Partido Bolchevique organizou e levou a efeito o golpe de Estado em novembro de 1917.

Com a vitória do partido de Lenin, iniciara-se a era do bolchevismo na Rússia.

Numa Rússia predominantemente agrícola, invadida pelas forças imperialistas ocidentais, dilacerada pela guerra civil interior, quando a Revolução Russa não tinha a possibilidade de ser apoiada por uma revolução europeia, causada pela falência da social-democracia, era impossível a instauração do socialismo.

> Nós mesmos aos poucos estávamos nos convencendo do contrário: era uma tese aceita e geralmente admitida que Lenin repetia constantemente: "que a Rússia agrícola e atrasada industrialmente não podia realizar com seus próprios meios um regime socialista durável; e que portanto nós seríamos vencidos mais cedo ou mais tarde se a revolução europeia, isto é, ao menos a revolução socialista na Europa Central não assegurasse ao socialismo uma base muito sólida e viável. (Serge, 1951, p.122-3)

Impunha-se para o bolchevismo uma só alternativa: um regime de fortaleza sitiada, colocando em prática "o comunismo de guerra".

Esse regime – produto do atraso da revolução internacional – pode-se definir da seguinte forma:

1º) Racionamento implacável da população citadina dividida em categorias.
2º) Nacionalização completa da produção e do trabalho.
3º) Monopólio do poder com tendência ao partido único.

Tinha como base a aplicação dos métodos militares no campo do trabalho.

A coerção é a condição indispensável para refrear a anarquia burguesa e para a socialização dos meios de produção. A militarização do trabalho não é, pois, camaradas, no sentido que indiquei, uma invenção de alguns políticos, mas um método inevitável de organização e disciplina da mão de obra na época de transição do capitalismo ao socialismo. (Trotsky, 1977, p.202-6)

O "comunismo de guerra", como todos na época reconheciam, não era um regime inevitável de transição do capitalismo ao socialismo, mas sim produto de necessidades impostas por uma guerra interna num país agrícola que tinha ensaiado a tomada do poder pelo proletariado.

Os teóricos do bolchevismo, porém, procuravam racionalizar sob forma de preceito ideiológico essa situação acidental e particular.

É assim que para Trotsky o regime de fortaleza sitiada aparecia como "método inevitável de organização e disciplina de mão de obra na época de transição do capitalismo ao socialismo".

No "comunismo de guerra", deu-se uma total modificação nas relações do produtor com os meios de produção. A classe operária – em 1917 – vira-se obrigada a tomar conta das fábricas quando a burgesia, aterrorizada, fugia para o estrangeiro – e de lá financiava a contrarrevolução, com os Denikin, Wrangel,

O capitalismo no século XX

Koltchak etc. – ultrapassando dessa maneira o próprio programa bolchevique, que consistia simplesmente no controle da produção.

No processo da revolução o proletariado torna-se o dono de fato das fábricas. Mas é sob o regime de "comunismo de guerra" que o controle lhes é tirado; a direção coletiva das fábricas é substituída pelo diretor nomeado pelo Estado.

A direção unipessoal no domínio administrativo e técnico contribui para isso (aproveitamento das forças, talentos e aptidões dos operários). Por essa razão é superior e mais fecunda que a direção coletiva. (Trotsky, 1977)

Assim, uma das conquistas básicas da revolução, o domínio e controle das fábricas, era arrebatado à classe operária; aparecia o administrador nomeado pelo Estado.

Ao despojamento das fábricas seguiu-se o dos sindicatos. Os sindicatos operários – como o Vikjel – que tiveram um papel determinante na revolução, no "comunismo de guerra" apareciam ligados simbolicamente ao novo Estado que surgia.

Após a conquista do poder pelo proletariado, os sindicatos adquirem um caráter obrigatório. Devem agrupar todos os trabalhadores industriais. O Partido assimila os mais conscientes e abnegados. É muito circunspecto quando se trata de preencher suas fileiras. Daí a função diretora que representa nos sindicatos a *minoria* comunista, função que corresponde ao domínio exercido pelo Partido Comunista nos sovietes. (Trotsky, 1977, p.160, grifo do autor)

Transformados em organismos estatais, os sindicatos confundem-se com sua burocracia. A maioria operária é agora dirigida pela "minoria comunista" (Trotsky, 1977, p.160); assim como nos sovietes, a maioria da massa é dirigida pela minoria do Partido.

Vemos que isso no fundo "é um governo de grupo, uma ditadura, é verdade, mas de um punhado de figurões, isto é, no sentido burguês, no sentido da denominação jacobina" (Luxemburgo, 1946, p.3).

A prática da ditadura jacobina é consequência direta da atualização de um aspecto particular e transitório da concepção de Marx a respeito, quando dominado pela influência jacobino-blanquista, em virtude dos fracassos das revoluções de 1848.

Os interesses da classe operária são galvanizados pela minoria comunista nos sindicatos, pela dominação do Partido nos sovietes; os sindicatos são diretamente controlados pelo "estado operário camponês com deformações burocráticas" (Lenin).

No início manifestam-se às vezes nos sindicatos tendências tradeunionistas, e situando-as a comerciar em suas relações com o Estado Soviético, e a exigir garantias. Quanto mais tempo passa, mais eles se dão conta que são orgãos produtores do Estado Soviético, então não se opõem a ele, confundem-se com ele. (Trotsky, 1977, p.160)

O comunismo de guerra conseguiu vencer a intervenção exterior; a guerra civil estava em seu fim. Como resultado dela, o nível de produção caíra enormemente em relação ao de antes da Primeira Guerra Mundial, a população fugia para o campo para não morrer de fome.

A subordinação dos sindicatos ao Estado, dos sovietes ao Partido, a miséria como produto da guerra civil produziram intenso descontentamento nas fileiras revolucionárias, tendo tomado forma na rebelião conhecida como a insurreição de Cronstadt.

Os marinheiros de Cronstadt foram de fato a vanguarda da revolução. Com o "Aurora" tinham participado efetivamente na derrubada do regime czarista, tinham fornecido os homens que montaram guarda ao Palácio Smolny, o quartel-ge-

O capitalismo no século XX

neral da revolução; eram, de fato, a "glória da revolução" segundo Trotsky.

> Esses 15.000 marinheiros exigiam basicamente: liberdade aos sovietes, sua independência diante do Partido Bolchevique, eleições secretas, liberdade para os prisioneiros anarquistas e socialistas, para os partidos operários e camponeses, igualdade de rações para todos trabalhadores, abolição dos gendarmes comunistas nas fábricas.
>
> Quando de sua deflagração, esta insurreição foi recebida como sendo "guardas brancos". (Reytan, 1987, p.36)

No entanto, as proclamações e manifesto dos marinheiros assinalam o caráter popular e revolucionário da insurreição, conforme a seguir:

> Escuta, Trotsky.
> Em suas radiotransmissões os comunistas cobriram de baixas injúrias os animadores da terceira revolução, que defendem o verdadeiro poder dos Sovietes contra a usurpação e arbítrio dos Comissários. Nós nada escondemos à população de Cronstadt; ao contrário, sempre fizemos publicidade destes ataques caluniosos da nossa Izvestia.
> Nada tínhamos a temer. Os cidadãos sabiam como a revolução tinha estourado e por quem ela foi feita. Os operários e soldados vermelhos sabem que não existem na guarnição nem generais nem guardas brancos. Por conta própria o Comitê Revolucionário Provisório enviou a Petrogrado um radiograma solicitando a libertação dos reféns detidos pelos comunistas, operários, marinheiros e suas famílias e a libertação de todos os detidos políticos.
> Um nosso segundo radiograma propunha vir a Cronstadt delegados neutros que após terem averiguado *in loco* o que acontecia poderiam ter exposto a verdade aos trabalhores de Petrogrado.
> Então o que fizeram os comunistas? Ocultaram essas solicitações aos operários e aos soldados vermelhos. Algumas unidades

de tropas do Feld-Marechal Trotsky que passaram para o nosso lado nos enviaram jornais de Petrogrado.

Em tais jornais, nem um aceno aos nossos radiogramas!

Entretanto, num tempo não muito distante, esses ladrões, acostumados a jogar com baralho assinalado, gritavam que não era preciso ter segredos para o povo, nem mesmo segredos diplomáticos.

Ouça, Trotsky: até o dia em que conseguir fugir ao julgamento do povo, poderá fuzilar a massa de inocentes, mas é impossível fuzilar a verdade. A verdade acabará por ser conhecida. Então você e seus cossacos hão de ser obrigados a prestar contas dessas infâmias. (Voline, 1976, p.321)

Para Lenin a insurreição não era só obra de guardas brancos, como tendia a restabelecer a liberdade do comércio, o que significava, na prática, a restauração do capitalismo liberal na Rússia.

Mas o fato é que essa insurreição tinha como bandeira a liberdade para os sovietes, o que definia a rebelião de Cronstadt como uma aliança de marinheiros e camponeses contra a burocracia. É o que se deduz do manifesto abaixo, lançado pelos marinheiros revolucionários, dirigido aos trabalhadores do mundo:

Era possível esperar que Lenin no momento da luta dos camponeses reivindicando os seus direitos não fosse hipócrita e soubesse dizer a verdade.

É que em suas ideias os operários e camponeses faziam uma perfeita distinção entre Lenin de um lado e Trotsky e Zinoviev de outro. Não se acreditava numa só palavra de Trotsky ou de Zinoviev. Porém a confiança em Lenin não estava ainda perdida.

Mas no dia 8 de março iniciou-se o 10º Congresso do Partido Comunista Russo. Lenin repetiu todas as mentiras sobre Cronstadt em revolta.

Declarou que a palavra de ordem do movimento era "liberdade de comércio". Acrescentou, é verdade, que o movimento era

O capitalismo no século XX

para o soviete, contra a ditadura dos bolcheviques. Mas não se esqueceu de misturar os generais czaristas e elementos anarquistas da pequena burguesia.

Assim, falando baixas mentiras, atrapalhou-se e caiu em contradição. Deixou escapar a confissão de que a base do movimento era a luta para obter o poder dos sovietes, contra a ditadura do Partido. Mas, conturbado, acrescentou: "É uma contrarrevolução de outra espécie. E é extremamente perigosa porquanto à primeira vista as modificações que se querem trazer à nossa política podem parecer insignificantes. O golpe trazido de Cronstadt revolucionária é duro." Os chefes do Partido sentem que o fim de sua autocracia se aproxima. O grande embaraço de Lenin se traduz através de seus discursos sobre Cronstadt. A palavra perigo é aí pronunciada repetidas vezes. Ele diz de fato textualmente: "Precisamos acabar com esse perigo 'pequena-burguesia', muito perigoso porque em vez de unir o proletariado, o desagrega, e nós precisamos do máximo de unidade." Sim, o chefe dos comunistas treme e é obrigado a apelar para o máximo de unidade. É que a ditadura dos comunistas e o próprio Partido revelam uma grande falha.

Em linhas gerais, era possível a Lenin dizer a verdade?

Recentemente, em uma reunião comunista sobre os sindicatos, assim se expressou: "Tudo isso cansa-me terrivelmente, estou, até a raiz dos cabelos, cansado; independente de minha enfermidade, ficaria satisfeito em deixar tudo e fugir não sei para onde!"

Mas os seus partidários não o deixaram fugir. É seu prisioneiro e deve caluniar como os outros. Por outro lado, toda a política do Partido é atrapalhada pela ação de Cronstadt. Porque Cronstadt exige não a "liberdade de comércio", mas o verdadeiro poder dos sovietes. (Voline, 1976, p.327)

O Partido governante atribuía a direção do levante aos elementos czaristas, antigos generais contrarrevolucionários. O manifesto dos marinheiros a respeito informa-nos:

105

"Os nossos generais"

Os comunistas insinuam que generais, oficiais e guardas brancos e um cura se encontram entre os membros do Comitê Revolucionário Provisório. Para terminar com todas essas questões, levamos ao conhecimento de todos que o Comitê Provisório é composto pelos quinze membros seguintes:

1) Peritchenko – primeiro escrituário a bordo do Petropavlosk.
2) Yakovenko – telefonista do distrito de Cronstadt.
3) Ossossof – mecânico de Sebastopol.
4) Archipoff – mestre mecânico.
5) Parepelkin – mestre mecânico.
6) Patruchev – mestre de Petropavlosk.
7) Kupuloff – primeiro ajudante médico.
8) Verchin – marinheiro de Sebastopol.
9) Tukim – operário eletricista.
10) Romanenkon – guarda dos estaleiros.
11) Orechin – empregado da Terceira Escola Técnica.
12) Valk – operário carpinteiro.
13) Pavloff – operário designado para a construção das minas marinhas.
14) Baikoff – carreteiro.
15) Kilgast – timoneiro.

Tais são os nossos generais, os nossos Brusilov e Kamenev. [Estes eram antigos generais czaristas a serviço dos bolcheviques.] Os policiais de Trotsky e Zinoviev escondem a verdade. (Voline, 1976, p.202)

A intensificação da oposição dos marinheiros ao poder central determinou uma reação drástica deste: o bombardeamento de Cronstadt. É o que constatamos pelo manifesto abaixo:

"O Feld-Marechal Trotsky ameaça toda Cronstadt livre e revolucionária porque ela se revoltou contra o absolutismo dos comissários comunistas. Os trabalhadores que abateram o jugo

O capitalismo no século XX

da ditadura comunista estão ameaçados por esse Trepoff" – esse foi um dos mais ferozes generais czaristas, célebre pela famosa ordem às tropas durante a revolução de 1905: "nenhuma economia de balas" –, de uma derrota militar.

Ele promete bombardear a população pacífica de Cronstadt. Repete a ordem de Trepoff – nenhuma economia de balas. Convém ter quantidade suficiente para marinheiros, operários e soldados revolucionários. Porque ele, ditador da Rússia Soviética, não se importa em absoluto com a sorte das massas trabalhadoras; o essencial para ele é que o poder fique em mãos de seu Partido. Tem a sem-vergonhice de falar em nome da Rússia Soviética:

> Promete-nos a graça: Trotsky, o sanguinário chefe dos cossacos vermelhos que derrama sem piedade o sangue em prol do absolutismo do seu partido; Trotsky usa essa linguagem àqueles de Cronstadt que mantêm com audácia a bandeira da revolução.
>
> Os comunistas esperam restabelecer seu absolutismo à custa do sangue dos trabalhadores e sofrimento de suas famílias encarceradas. Querem obrigar os marinheiros, os operários e os soldados vermelhos que se insurgem a estender novamente seu pescoço.
>
> Pretendem instalar-se solidamente e continuar sua nefasta política que precipitou a Rússia trabalhadora no abismo da desordem, da carestia e da miséria.
>
> Estamos fartos disso! Os trabalhadores não se deixam mais enganar. Comunistas, vossas esperanças são vãs, vossas ameaças são vãs, não produzem efeito.
>
> A última onda da revolução dos trabalhadores está em marcha. E ela varrerá os ignóbeis, os impostores e os caluniadores da superfície do país dos sovietes, profanado pelos seus atos. E quanto à vossa graça, senhor Trotsky, rejeitamo-la. (Voline, 1976, p.315)

As ameaças do poder bolchevique sobre os marinheiros de Cronstadt e o envio de tropas do Exército Vermelho para atacá-los, sob a acusação de tratar-se de um levante de "guardas brancos", motivaram a adesão dos soldados vermelhos à rebelião ao verificarem seu caráter anticapitalista e antiburocrático, conforme os manifestos abaixo:

"Resolução dos prisioneiros"

Hoje, 14 de março, a Assembleia Geral de Kursanti, oficiais e soldados em número de duzentos e quarenta, feitos prisioneiros e internados em Meneggio, adota a seguinte resolução:

No dia 8 de março passado, nós, Kursanti, oficiais e soldados vermelhos, recebemos ordem de partir para atacar a cidade de Cronstadt.

Tinham-nos informado que os guardas brancos e seus cúmplices tinham motivado um motim.

Entretanto, sem fazer uso de armas, aproximamo-nos da cidade de Cronstadt, onde entramos em contato com a vanguarda dos marinheiros e operários tendo aí tomado conhecimento que nenhum motim de guardas brancos existiu em Cronstadt, mas, ao contrário, marinheiros e operários tinham deposto o poder absolutista dos comissários.

Imediatamente passamos voluntariamente ao lado dos de Cronstadt e agora apelamos ao Comitê Revolucionário que nos distribua como combatentes no destacamento de soldados vermelhos, porque queremos lutar juntamente com os verdadeiros defensores dos operários e camponeses de Cronstadt e de toda a Rússia.

Sentimo-nos satisfeitos que o Comitê Revolucionário Provisório tenha encetado o bom caminho que leva à emancipação de todos os trabalhadores e que somente a ideia de "Todo Poder aos Sovietes" e não dos Partidos poderá conduzir a obra encetada até a hora final. (Voline, 1976, p.309)

Esta resolução foi publicada no *Izvestia* n.14, de 15 de março. Idêntica resolução foi tomada pelos prisioneiros vermelhos em Cronstadt, do Destacamento do Forte de Krasnoarmeietz e publicado no *Izvestia* n.5 em 7 de março:

O capitalismo no século XX

Nós, soldados do Exército Vermelho do Forte de Krasnoarmeietz, somos de corpo e alma do Comitê Revolucionário. Defenderemos até o último instante o Comitê, os operários e os camponeses. Que ninguém se iluda com as proclamações mentirosas dos comunistas, lançadas pelos aviões.

Não temos aqui generais nem senhores. Cronstadt sempre foi a cidade dos operários e camponeses e como tal continuará a ser. Os comunistas dizem que somos guiados por espiões. É uma desavergonhada mentira. Temos sempre defendido a liberdade com resolução e sempre a defenderemos. Para se persuadirem nada há a fazer, senão enviar uma delegação; quanto aos generais, estão a serviço dos comunistas.

No momento atual em que está em jogo o destino do país, nós que temos o poder nas mãos, enviando esta proclamação ao Comando Supremo do Comitê Revolucionário de Cronstadt, declaramos à guarnição inteira e a todos os trabalhadores que estamos prontos a morrer por sua liberdade.

Libertados do jugo e do terror comunista destes últimos três anos preferimos morrer antes que retroceder um só passo.

O antagonismo entre Cronstadt e o Poder Central agrava-se. Prevendo um inútil massacre dos elementos revolucionários de Cronstadt, Perkus Petrowsky, Alexander Bekman e Emma Goldman enviaram uma carta a Zinoviev nos seguintes termos:

Ao presidente Zinoviev:

Calar neste momento é impossível e seria também delituoso. Os acontecimentos que se produziram nos obrigam, enquanto anarquistas, a falar francamente, e a precisar a nossa atitude diante da situação atual.

O espírito de descontentamento e inquietude que turva os operários e os marinheiros é o resultado de fatos que exigem a mais séria das atenções. O frio e a fome foram os produtores do descontentamento; a ausência de qualquer possibilidade de discussão e crítica obriga os marinheiros e operários a expor formalmente as suas queixas. Os bandos de guardas brancos querem e podem desfrutar deste descontentamento no seu interesse de classe. Camuflando-se atrás dos marinheiros, reclamando a Assembleia Constituinte, o comércio livre e outras vantagens do gênero.

Nós, os anarquistas [socialistas-libertários], fizemos conhecer há muito tempo o fundo insidioso destas reivindicações e declaramos diante de todos que lutaremos em qualquer lugar com armas em punho com todos os amigos da revolução socialista, ao lado dos bolcheviques.

Quanto ao conflito entre o governo soviético e os operários e marinheiros, nós achamos que deve ser solucionado, não recorrendo às armas, mas por meio de um acordo revolucionário fraternal em espírito de camaradagem.

Recorrer à efusão de sangue por parte do governo soviético na situação atual não intimidaria nem pacificaria os operários; isso só serviria para agravar a crise e reforçar as manobras da Entente e da contrarrevolução.

Companheiros bolcheviques, reflitam primeiro, antes que seja muito tarde. Estão na véspera de dar um passo decisivo.

Nós propomos o seguinte: eleger uma comissão de cinco membros composta de anarquistas. Essa comissão irá a Cronstadt para resolver pacificamente o conflito. Na situação atual este é o método mais radical; isso terá uma importância internacional.

Petrogrado, 5 de março de 1921.

Assinado: Alexander Bekman, Emma Goldman, Perkus Petrowsky. (Voline, 1976, p.343)

No entanto, o Partido Bolchevique fez ouvidos de mercador à proposta conciliatória. Sua resposta foi o canhão. Tal procedimento motivou a saída de muitos membros do Partido Bolchevique, como vemos a seguir:

Visto que, em resposta à proposta dos companheiros de Cronstadt de enviar uma delegação vinda de Petrogrado, Trotsky e os chefes comunistas ensaiaram os primeiros obuses e fizeram derramar sangue proletário, peço que não me considerem membro do Partido Comunista.

Os discursos dos oradores comunistas tinham-me feito virar a cabeça, mas o gesto dos comunistas burocráticos a fez voltar ao seu lugar. Agradeço aos falsos comunistas de me haverem mostrado o seu verdadeiro rosto e de me haverem assim permitido compreender meu erro. Não era mais que um cego instrumento em suas mãos.

Ass. André Bratacheff, ex-membro do Partido Comunista n. 537.575.

Publicada no *Izvestia* em 9 de março de 1921 (Voline, 1976, p.305).

Os apelos dos revolucionários anarquistas e sindicalistas não demoveram a burocracia de esmagar pela força o levante de Cronstadt. Quando do ataque à fortaleza, os marinheiros dirigiram um último manifesto ao proletariado mundial, dizendo:

Que o mundo saiba!

O Comitê Revolucionário Provisório enviou hoje o seguinte radiograma:

A todos... A todos... A todos...

O primeiro tiro de canhão foi dado. O Feld-Marechal Trotsky, manchado de sangue dos operários, foi o primeiro a atirar sobre Cronstadt revolucionária, que se revoltou contra a audácia dos comunistas, lutando para restabelecer o veridadeiro Poder dos Sovietes.

Sem ter derramado uma só gota de sangue, nós, marinheiros e operários de Cronstadt, libertamo-nos do jugo comunista. Conservamos a vida dos bolchevistas que estavam conosco. Agora os comunistas querem impor novamente seu poder e ameaçam-nos com o canhão.

Não queremos nenhuma efusão de sangue; nós pedimos que nos fossem enviados delegados apartidários do proletariado de

Petrogrado que poderiam assegurar-se por que Cronstadt comba-
tia o bolchevismo. Mas os comunistas esconderam o nosso pedido
ao proletariado de Petrogrado e abriram fogo; resposta habitual
daquele pretenso governo operário e camponês ao pedido dos trabalhadores.

Que os operários do mundo inteiro saibam que nós, verdadeiros defensores do verdadeiro Poder dos Sovietes, velaremos as conquistas da revolução socialista.

Nós venceremos ou pereceremos sob as minas de Cronstadt,
lutando pela causa justa das massas operárias. Os trabalhadores
do mundo inteiro serão nossos juízes. O sangue dos inocentes re-
cairá sobre a cabeça dos comunistas, furiosos, inebriados pelo poder. Viva o Poder do Soviete! (Voline, 1976, p.346)

A rebelião dos marinheiros foi reprimida. O esmagamento
da insurreição de Cronstadt foi o toque de finados na intenção
socialista que animava a Revolução Russa.

A burocracia dominante vencera. Os marinheiros foram derrotados e Lenin tirava do bolso a fórmula da Nova Política Econômica (NEP) que, segundo o economista marxista Bogdanov,
não era uma nova política econômica, mas, sim, uma volta às
relações de produção capitalistas. Estava findo o "comunismo
de guerra"; surgia agora o capitalismo de Estado e o Imposto
em Espécie, em substituição à requisição forçada dos produtos
agrícolas.

O capitalismo de Estado

O esmagamento de Cronstadt cimentou a aliança da burocracia com a camada superior do campesinato; a consequência
foi o surgimento da NEP.

Lenin definia a economia pós-revolucionária nos seguintes
termos:

O capitalismo no século XX

Na Rússia, encontravam-se cinco formações econômicas simultâneas: 1) socialismo; 2) capitalismo de Estado; 3) capitalismo privado; 4) pequena produção mercantil e 5) economia camponesa natural.

Com a NEP o imposto em espécie facultava ao agricultor a venda no mercado de parte de seus produtos e, consequentemente, permitia uma pequena margem de acumulação de capital.

Os sindicatos voltaram a ser os defensores da força de trabalho operário no mercado de trabalho.

O governo no sistema de capitalismo de Estado oferecia comissões aos que vendiam seus produtos, arrendando diversos ramos da produção fabril a empresas particulares.

Os rumos que iria tomar a Rússia com essa política já eram previstos pela oposição dirigida por Bukharin, nos seguintes termos:

Uma vez que renunciamos à atual política proletária, as conquistas da revolução operária-camponesa serão petrificadas, congeladas no sistema de capitalismo de Estado com as relações pequeno-burguesas de produção. A defesa da pátria socialista chegará a ser de fato a defesa da pátria burguesa sujeita à influência do capitalismo internacional. Em vez da transformação da parcial nacionalização em socialização completa da grande indústria, está se formando principalmente um imenso truste dirigido pelos capitais industriais, que tomará uma envoltura de empresa estatal. Assim organizada, a produção criará a base social para a evolução ao capitalismo de Estado e na realidade já representa uma etapa transitória para isso. Com as fábricas administradas pelos princípios da ampla participação capitalista e da centralização semiburocrática, a política operária ligada a esses princípios conduzirá à disciplina de trabalho, trabalho por tarefa, jornada mais longa de trabalho etc. (Fischer, 1948)

Com o desaparecimento da democracia nos sovietes, no Partido, nos sindicatos, a eleição de diretores administrativos im-

113

buídos de todo o poder transformou a economia em economia capitalista de Estado, baseada na propriedade estatal dominada pela burocracia.

Na NEP os camponeses obtiveram livre comércio de cereais e, ao se introduzir a troca privada entre os produtos agrícolas, o Partido e a burocracia respectivamente haviam com custo mantido o equilíbrio entre o campesinato e o proletariado da indústria estatal, que pouco a pouco se recupera. Não se podia permitir que este equilíbrio se efetuasse automaticamente pelo livre jogo das forças econômicas, o que conduziria inevitavelmente à vitória dos camponeses sobre os operários e à derrocada de todo o sistema. Mas por outro lado os interesses dos camponeses deveriam ser salvaguardados para evitar rebeliões. A única maneira de manter este equilíbrio difícil era esmagar todo movimento político independente de ambas as classes e deixar toda decisão exclusivamente nas mãos da burocracia. (Borkenau, 1978, p.154)

O problema da burocracia, que surgia como consequência da desmobilização dos cinco milhões de soldados do Exército Vermelho e do cerco capitalista mundial, já havia sido colocado em discussão por Lenin.

No VIII Congresso do Partido Comunista adotamos o novo programa e falamos francamente sem receio de reconhecer o mal, mas, ao contrário, tratando de descrevê-lo, desmascará-lo, expô-lo à crítica e, incitando os espíritos, as vontades, as energias para combatê-lo, falamos do "renascimento parcial da burocracia no interior do regime soviético". Passaram-se mais dois anos. Na Primavera de 1921, após o VIII Congresso dos Sovietes, que em dezembro de 1920 tratava da questão da burocracia e após o X Congresso do Partido Comunista, que em março de 1921 tirou uma conclusão dos debates estritamete ligados a essa questão da burocracia, vemos apresentar-se esse mal diante de nós. Ainda mais claramente, mais ameaçador e mais nítido: a burocracia em nosso país não está no exército, mas nos serviços. (Lenin, s/d, p.45-46)

O capitalismo no século XX

Mas a luta de Lenin contra a burocracia era levada a efeito por métodos burocráticos, é o que transparece em uma conversa entre Ciliga e o operário "detsista" Prokopeni, quando este lhe diz:

> Por que você fica tão exaltado quando fala da luta de Lenin contra o burocratismo? De que modo lutou ele contra a burocracia? Você fala do seu artigo sobre a Inspeção Operária e Camponesa escrito pouco antes de sua morte. Mas onde nesse artigo faz ele um apelo à organização das massas contra o burocratismo?
>
> Em parte alguma; propõe a organização de uma junta especial de funcionários muito bem pagos. Seria uma instituição burocrática de vértice à qual se entregaria a luta contra os métodos burocráticos.
>
> Não – camadara estrangeiro –, prosseguiu Prokopeni, no fim de sua vida Lenin estava imbuído da falta de confiança nas massas trabalhadoras. Naquele tempo ele colocava suas esperanças no aparelho burocrático; mas, como temia que o aparelho se excedesse, queria evitar o mal por meio do controle de uma parte do aparelho burocrático por outra. (Ciliga, 1946)

> Dentro de pouco Lenin deveria mudar de opiniões a esse respeito [da capacidade da luta da comissão contra a burocracia] e alarma-se ainda mais que Trotsky acerca da corrupção e da burocratização desse comissariado especialmente designado para combater a burocracia. (Trotsky, s/d, p.453)

Após a NEP, efetua-se a aliança entre os elementos burocráticos, o "nepman" e o pequeno-burguês contra o proletariado. A burocracia converte-se em árbitro na luta entre o proletariado e a burguesia que renascia da pequena acumulação comercial. Quando a burguesia derrotou o setor privado na economia russa e eliminou as frações rivais no Partido Bolchevique (a Oposição de Esquerda, liderada por Trotsky, e a Oposição de Direita, liderada por Bukharin e Rikov), conseguiu estabelecer seu próprio monopólio econômico e político, transformando-se em classe não só dirigente como possuidora.

A burocracia despojou o proletariado de suas conquistas tanto no sistema de "comunismo de guerra" como no esmagamento da rebelião de Cronstadt; cimentou seu poder político com a ascensão de Stalin ao poder.

Com o esmagamento de Cronstadt, a Revolução Russa perdeu a segunda nota básica: o apoio social da classe operária. Com a implantação da NEP, voltaram-se às relações capitalistas no sentido do capitalismo de Estado.

É na época do Primeiro Plano Quinquenal que o capitalismo de Estado toma sua confirmação última, com a vitória total da burocracia e a ditadura pessoal de Stalin.

O caráter da economia soviética na Rússia

"Não é o modo particular da estatização nem a criação de 'condições técnicas' que formam os elementos de solução do conflito entre o trabalho e o capital que pode assegurar a derrogação da lei do valor quando a Revolução da Rússia se isolou." (Reytan, 1987, p.91)

É pela dependência do mercado mundial que essa lei rege a economia russa. Assim, a acumulação alcança 32,5% em 1940.

Pela lei do valor, o trabalho é uma mercadoria cujo valor se mede pelos meios necessários à manutenção da força de trabalho. No entanto, esta produz mais que o necessário à sua manutenção; o excedente é a mais-valia.

Os economistas stalinistas que a negavam agora a confirmam. Assim, num estudo da edição do *El Capital* de K. Marx, da editora Nueva Fuente Cultural, um economista stalinista escreve: "A noção de que lei do valor não atua sobre o socialismo contradiz essencialmente a economia marxista" (no capítulo "Las leyes económicas en la sociedad socialista").

O capitalismo no século XX

Assim, a acumulação em 1940 alcança 32,5% da inversão do capital, quando no auge da economia americana ela alcança 9%! Quando no XXII Congresso do Partido Comunista se aprovou a contabilidade comercial, voltava a economia russa às regras do capitalismo clássico. Essa taxa é regulada no capitalismo clássico pela livre concorrência e no capitalismo de Estado russo pela burocracia. Segundo Leon Trotsky, os 15 ou 20% da população possuem tanto como o que cabe ao resto, ou seja, 80 ou 85%. Em 1937, a indústria transferiu ao Estado mais de 48% de seus lucros. Os impostos federais pagos pela indústria chegaram em 1937 a 6%, e em 1940, a 12%. Esses lucros foram monopolizados pela burocracia. Outra fonte de entradas são os impostos indiretos sobre os artigos de consumo, transformando-os num fato básico para a formação de preço.

Segundo Reytan,

setenta por cento das entradas para o Estado são cobertas por estes impostos ou lucros da indústria. Em 1940, 54,4% das entradas provinham dos impostos sobre o movimento dos produtos industriais e agrícolas – 8 bilhões de rublos – sendo a entrada dos lucros industriais e outras de 12,3% – 21 bilhões de rublos. (Reytan, 1987, p.88).

Desde 1935, o salário básico perde sua importância, sendo substituído pelo trabalho por tarefa, que é, segundo Marx, sistema típico que corresponde à natureza do capitalismo (conforme o capítulo "Trabajo por piezas") (Marx, p.621-9)[1]. Nesse sentido, os preços e o stakhanovismo aumentam a grande exploração do tabalho, ao substituir o salário pela tarefa.

---

1 Edição inexistente no Catálogo da Biblioteca Maurício Tragtenberg, impossibilitando o registro de outras informações. Consta deste Catálogo: MARX, K. *Oeuvre complète*. Paris: Editions Sociales, 1957. [N. O.]

Sob o regime stalinista, o proletariado foi diferenciado numa aristocracia stakhanovista, proletariado ordinário e o proletariado escravizado dos campos de "reeducação", dos quais trataremos mais adiante. A burocracia stalinista cumpre melhor seu papel de acelerar a acumulação primitiva e edificar uma indústria poderosa que a burocracia da burguesia ocidental.

A exploração do trabalho humano chegou ao grau máximo na Rússia soviética.

Isso se deve ao fato de existir um vácuo entre a técnica inferior que a Rússia possui em relação ao capitalismo ocidental e a forma burocrática superior de organização que ela emprega; dessa combinação de forma de exploração mais moderna (burocrática-estatal) com métodos técnicos antiquados é que a alienação do homem é feita de maneira mais direta, como nos campos de "reeducação".

A burocracia partidária

> O Partido compensa com vantagens materiais os sacrifícios de tempo e independência que exige de seus membros. O Partido é o pedestal de todas as ascensões. É mesmo o único para os que não possuem qualquer qualificação técnica. (Labin, 1948, p.24)

O Comitê Central é composto de 71 membros, 68 suplentes designados pelo Congresso do Partido. Este deveria reunir-se, segundo os estatutos, anualmente, mas só o faz a cada quatro anos. De 1939 a 1947 não se reuniu uma só vez.

A burocracia partidária recruta-se no elemento estatal, embora, às vezes, se dê o contrário. Os números a seguir revelam o extraordinário paralelo que se verifica entre o desenvolvimento quantitativo do Partido e o aumento do número de funcionários do Estado:

O capitalismo no século XX

1920...... + ou – 2.000.000	612.000
1929...... + ou – 4.600.000	1.532.000
1932...... + ou – 8.000.000 antes do expurgo	3.170.000
1939...... + ou – 9.600.000	3.200.000
1941...... + ou – 10.000.000 a 11.000.000	3.900.000

O aumento porcentual foi o seguinte:

Idem	Idem	Idem
1920....	100%	100%
1929....	230%	250%
1932....	400%	518%
1939....	480%	523%
1941....	500 a 550%	637%

Um dos critérios para avaliação da extensão dos *subvers* (burgueses russos) é o número de empregados domésticos que têm. Após 1920, ninguém podia se dar o luxo de ter um empregado, razão pela qual seu número caiu de 1 milhão e 500 mil antes da revolução para 150 mil entre 1923-1924. Mais tarde, começou a aumentar rapidamente: em 1927, já havia 339 mil empregados domésticos e os planos do governo previam aumento ainda maior; 398 mil em 1929 e 406 mil em 1932. Alguns anos antes de 1940, com o aumento considerável da nova aristocracia e oligarquia "socialista", aumentou bastante o número de empregados domésticos, razão pela qual todas as fontes oficiais silenciaram a respeito.

No país da "ditadura do proletariado", a distribuição de delegações às eleições na legenda do Partido Comunista aparece assim:

Comissariado do interior e GPU 42
Funcionários do Partido.. 167
Exército..64

Funcionários do governo...122
Funcionários sindicais...12
Funcionários superiores da indústria.........................46
Presidentes dos kolkhozes..30
Profissões liberais..39
Burocratas: percentagem 83%.................................462
Operários stakhanovistas...41
Condutores de tratores..26
Membros dos kolkhozes...23

$$\overline{}\\90$$

Restam 17% para as classes médias e o proletariado urbano e rural.

É historicamente sabido que os opressores sempre se julgam a vanguarda dos oprimidos. Os senhores feudais julgavam-se os paizinhos da sociedade, a burguesia aparecia como vanguarda do povo; por que a burocracia não pode aparecer como vanguarda do proletariado?

E os privilégios dessa burocracia aparecem em todos os campos da atividade humana:

> Uma usina que comporta dezenas de milhares de operários recebe algumas dezenas de entradas de teatro que são distribuídas primeiro entre os chefes, nada restando aos operários. Entre nós são os magistrados, os diretores de usinas, os funcionários que gozam das vantagens de nossos sanatórios e isso graças a uma autorização (*potevka*) que legalmente não deveria ser conferida senão aos operários (*Pravda*, n.95, 1937).

Schwernik amplia o quadro de privilégios burocráticos com essa declaração no XVII Congresso do Partido, reunido em março de 1939:

O capitalismo no século XX

Nossos sanatórios e casa de saúde abrigam todos os anos perto de 2 milhões de homens [sobre 27 milhões de assalariados urbanos]. Acima de tudo são considerações de hierarquia social que decidem sobre a escolha das pessoas admitidas.

Esses privilégios dessa burguesia-burocrática tornam-se, em relação à miséria do povo, uma provocação, motivando uma exortação ascética de Kalinine (que "morreu" repentinamente) em março de 1939, ao dirigir-se aos membros do Partido Comunista que trabalhavam no Comissariado de Agricultura:

"Abandonai vossos hábitos e vossas ideias inveteradas de uma casta de privilegiados... é uma verdadeira desgraça que as perspectivas de futuro de quase 80% de honrados trabalhadores soviéticos tenham que ser frustradas" (*Boletim Quotidiano*, 20 out. 1939).

Sindicatos

Como expusemos anteriormente, no "comunismo de guerra" deu-se a militarização dos sindicatos a partir da substituição dos Conselhos de Fábrica Coletivos por uma administração pessoal, a cargo de um diretor nomeado pelo Estado.

É na época atual, quando a burocracia constitui sua dominação numa "peculiar forma de propriedade de Estado" (Rakovsky) que por sua vez "possui como propriedade privada" (Marx), que a dominação burocrática atinge o extremo, conforme vemos pela declaração de Andreiev:

"A fixação da escala de salários deve ser deixada inteiramente a cargo dos dirigentes da indústria. Eles é que devem estabelecer as normas".(*Pravda*, 29 dez. 1935)

Isso é corroborado por Weinberg (1939), quando escreve:

A correta determinação dos salários e regulamentação do trabalho exigem que os dirigentes industriais e os diretores técnicos sejam imediatamente incumbidos da responsabilidade a esse respeito, o que também é ditado pela necessidade de estabelecer uma única autoridade a qual assegure a autonomia na direção das organizações. Os trabalhadores não devem defender-se contra seu Governo. Isto é absolutamente errado. Isso é suplantar os órgãos administrativos. Isto é perversão oportunista de esquerda, aniquilação da autoridade individual e interferência no Departamento Administrativo.(*Trud*, 8 jul. 1939)

Se Lenin estivesse vivo, seria fuzilado por Stalin como um "oportunista de esquerda", pois, como estão lembrados os que têm boa memória, a tese de militarização dos sindicatos, apresentada por Trotsky, foi combatida por Lenin na base de que, tratando-se de um "estado operário e camponês com degenerescência burocrática" – como Lenin definia o Estado russo na sua época –, os operários precisam defender-se contra seu próprio governo. Mas, como vemos, em honra da acumulação primitiva do capital em mãos do capitalismo burocrático, o marxismo somente tem valor quando se trata de utilizá-lo como meio de encobrir os privilégios dos *subvers*; assim é que "o socialismo num só país" de Stalin, e a luta "contra a igualdade de salários" (*Trud*, 21 jun. 1933) aparecem como lídimo marxismo ortodoxo; no que for contrário, aparece como obra de reacionários, espiões etc.

Kolkhozes

Em nossos dias, os kolkhozes formam o setor majoritário na economia nacional russa. Sua organização baseia-se no rendimento do trabalho; é um método ultracapitalista. As tarefas diárias nos kolkhozes calculam-se diferentemente, segundo a classe a que pertencem, isto é, se se é burocrata, tratorista, agrônomo ou simplesmente camponês. A terra pertence ao Estado, ou seja,

O capitalismo no século XX

à burocracia dominante, que recebe uma renda do solo na forma de altos impostos pagos pelos kolkhozes.

Além da burocracia estatal, está a enorme burocracia kolkhoziana que abrange milhares de diretores, membros das juntas diretivas, agrônomos, tratoristas, técnicos dos diferentes ramos, "atingindo um total de 11 milhões e 500 mil funcionários" (*Boletim Quotidiano*, 2 maio 1939).

Formalmente, dirigem as cooperativas kolkhozianas as Assembleias Gerais que aprovam os balanços, elegem as juntas diretoras e o pessoal técnico. Na realidade, os kolkhozes são dirigidos pelo presidente do kolkhoz, pelo secretário local do Partido e pelo encarregado do Comissariado da Agricultura.

"Na maioria dos kolkhozes, os funcionários são nomeados e não eleitos; em certas regiões não se realiza uma eleição há longos anos" (*Pravda*, 10 set. 1946).

Ao Estado burocrático pertencem as terras e as máquinas, o inventário dos grãos; depois de abonar altos impostos ao Estado, correspondem nominalmente ao kolkhoz, pois na realidade seus membros só possuem uma pequena horta, ou um porco ou uma vaca. Possuindo suas hortas como concessão da burocracia, seus membros estão em situação mais vantajosa que o proletariado citadino. O kolkhoz representa um setor cooperativo da economia russa integrado no sistema de capitalismo de Estado.

Na Rússia, o Estado combina as formas mais evoluídas de controle e dominação burocrática com o que de mais baixo e atrasado existe no que se refere ao desenvolvimento econômico.

Daí a consideração da personalidade humana como mero índice de produção, podendo a burocracia dirigente dispor como bem quiser do homem, transferindo-o do Kirkiz à Sibéria ou de Vladivostock a Moscou. É nessa combinação de forma que o Estado russo simboliza o protótipo do Estado totalitário; com seus trustes, o modelo de capitalismo de Estado.

A ressurreição da burocracia como classe possuidora é precisamente uma das consequências de caráter peculiar da Revolução Russa. Seu caráter não é socialista, mas, primordialmente, camponês e democrático.

A especificidade do capitalismo de Estado russo radica na especificidade do feudalismo de Estado do qual é consequência direta, no campo interno, sendo no campo externo uma consequência da Revolução Russa, revolução industrial realizada na época da decadência do capitalismo liberal.

Com o esmagamento da insurreição de Cronstadt, eliminou-se a intenção socialista qua animava a revolução; com a transferência das fábricas para o domínio burocrático realizada no "comunismo de guerra", neutralizou-se o apoio social da classe operária à revolução; com a inauguração da NEP e consequentemente do capitalismo de Estado, atualizou-se o aspecto burguês da revolução, no referente à mecânica econômica, tomou sua configuração última com o domínio stalinista, em que a burocracia de árbitro entre as classes aparece como classe dominante.

É da perspectiva de trinta anos que concluímos que a tomada do poder pelo bolchevismo foi apenas uma evolução no processo da própria revolução burguesa, impulsionando-a para diante.

A injustiça no estado de propriedade tal como é condicionada pela moderna divisão de trabalho, pela forma moderna de troca da concorrência, da concentração etc. não tem sua origem na supremacia política da burguesia; pelo contrário, a supremacia política da burguesia tem suas origens nestas condições modernas da produção que os economistas burgueses proclamam leis necessárias e eternas. Se o proletariado destrói, portanto, a supremacia política da burguesia, a sua vitória será só passageira, um simples fator a serviço da mesma revolução burguesa, como o foi em 1794, enquanto no curso da história não se encontram criadas as condições materiais que façam necessárias a derrocada do modo de produção burguês, e, por consequência, a queda definitiva da supremacia política burguesa. (Marx, 1971, p.89)

O confinamento da Revolução Russa às suas fronteiras nacionais determinou a atualização do elemento – dentro da mecânica econômico-burguesa; se a revolução tivesse sido apoiada por um movimento europeu, o elemento subjetivo desta – a intenção socialista – teria atualizado o apelo dos marinheiros de Cronstadt em prol da intenção socialista, que na revolução teria encontrado eco, mas o atraso dessa revolução internacional fez a Rússia regredir à sua mecânica econômica e enveredar pelo capitalismo de Estado.

Pelo fato de a restauração capitalista na Rússia dar-se na decadência do capitalismo liberal é que tomou a forma de capitalismo de Estado totalitário que, por sua dependência do mercado mundial, não escapa à crise.

A liderança carismática no bolchevismo

Lenin herdou o plano de organização dos Narodnaya Volia, um grupo fortemente disciplinado e reduzido de conspiradores.

Eram o produto da desenganada década anterior, quando "ir de encontro ao povo" construía o dever da "inteligência revolucionária". Confiavam por isso apenas nas bombas. Estavam certos de que até se alcançar a vitória não se podia confiar na organização do povo segundo sua vontade.

Dos socialistas revolucionários, Lenin herdou o princípio de uma organização fortemente centralizada dos revolucionários profissionais que obedecessem a um só centro dirigente, dedicando-se inteiramente à revolução.

Era uma organização de revolucionários profissionais que estavam alheios à vida econômica cotidiana e, portanto, revelavam um dos traços de uma organização carismática.

Sua finalidade na vida era a de serem os portadores de uma ideia que, segundo eles, decorria das próprias necessidades históricas — é o espírito dos portadores de uma ideia de salvação que se constituem em grupos fechados, atuando atrás ou na frente das massas, mas nunca dentro delas.

Na Rússia feudal, sem tradição de movimento proletário organizado e sem tradição de vida democrática como no Ocidente, encontravam-se as condições básicas que favoreciam a organização de um restrito núcleo de revolucionários profissionais, cuja tarefa imediata ou histórica era a tomada do poder em nome do proletariado.

Era a revivência do espírito blanquista em condições russas, o que levava Lenine a definir, na sua obra *Um passo adiante, dois passos para trás*, o social-democrata como "um jacobino ligado às massas operárias."

Esse núcleo carismático forma uma organização conspirativa baseada no centralismo democrático, que na sua juventude Trotsky assim definia:

"No esquema de Lenin o Partido toma o lugar da classe operária, a organização do Partido desaloja a classe, o Comitê Central desaloja a organização do Partido e finalmente o ditador desaloja o Comitê Central" (Zadashi, p.54)[2].

A concepção jacobina-blanquista de vanguarda não impedia Lenin de reconhecer que "a modificação das condições objetivas de luta e por conseguinte a necessidade de passar da greve à insurreição, o proletariado sentiu-a antes que seus dirigentes" (Lenin, 1971, p.153).

E Trotsky, que tinha aderido à concepção leninista de Partido, é levado a reconhecer que "as massas no momento eram mais revolucionárias que o Partido, mais revolucionárias que sua máquina" (Trotsky, p.275).

No desenvolvimento da liderança carismática no bolchevismo há um fato a acentuar: Lenin já aparecia como carisma insti-

---

2 Edição inexistente no Catálogo da Biblioteca Maurício Tragtenberg, impossibilitando o registro de outras informações. [N. O.]

O capitalismo no século XX

tucionalizado nas fileiras do Partido antes de tomar o poder, conforme se comprova abaixo:

"Os velhos, não eram só eles que se enganavam; aquele homem era alguma coisa mais que um magnífico colaborador, *era um chefe* [grifo do autor]; seu olhar estava sempre fixo no triunfo" (Trotsky, p.175).

"Zinoviev e Kamanev que viveram muitos anos ao lado de Lenin assinalando não só suas ideias, mas mesmo os seus giros de locução, mesmo os seus cortes de letra" (Trotsky, p.276).

Por exemplo, a tese da Revolução Permanente que assegurou a vitória dos bolcheviques na Revolução Russa só conseguiu vencer dentro do Partido quando Lenin tinha retirado sua concepção que defendia há dez anos da "ditadura democrática dos operários e camponeses".

A burocratização do séquito carismático constitui um dos motivos de crescente apreensão de Trotsky, como vemos abaixo:

> Como muitas vezes acontece, uma forte diferenciação se desenvolvia entre as classes em movimento e os interesses das máquinas partidárias. Mesmo os quadros do Partido Bolchevique que gozavam os benefícios de um traquejo revolucionário excepcional inclinavam-se a desatender as massas e identificar os interesses particulares destes com os interesses de seu aparelho, logo no dia seguinte à derrocada da monarquia. Que se poderia, pois, esperar de tais quadros quando se convertessem numa potente burocracia estatal? (Trotsky, p.274)

Aqui vemos a previsão de Trotsky de que, quando o séquito carismático (revolucionários profissionais) se burocratizasse, indentificar-se-ia com os interesses da massa a quem havia representado enquanto alheio às atividades lucrativas ou de cargo.

Com a tomada do poder o séquito carismático bolchevique burocratizou-se; o carisma Lenin institucionalizou-se; depois de estar encerrado nos estreitos limites de uma organização conspirativa, adquiria agora uma conformação nacional.

Essa rotinização do carisma dá-se com a apropriação dos poderes de mando (Estado) e a conversão dos revolucionários em funcionários.

Na sociedade russa mágico-patrimonialista, desenvolviam-se em seus interstícios movimentos carismáticos como os de Stenka Razin, Pugatchev etc.

A dominação do carisma Lenin tinha sua legitimidade nas tradições revolucionárias, tanto assim que durante sua vida só se cantava a "internacional" e erguiam-se monumentos a Marat e Bakunin.

Mas o regime bolchevista entra em crise com a doença e morte de Lenin, até a ascensão de Stalin.

> Por outro lado, o problema fundamental que se coloca à dominação carismática quando se quer transformá-la em instituição permanente é evidentemente o problema sucessor do profeta, do herói, do mestre ou Chefe de Partido. Com isso começa justamente a penetração no caminho do estudo e da tradição. (Weber, 1944, p.268)

O problema da sucessão carismática e a crise que ele envolve são tratados na carta de Lenin, conhecida como "o testamento de Lenin".

> Pela estabilidade da Comissão Central de que falei antes tenho em vista medidas para prevenir uma cisão até onde possam ser tomadas. Pois, sem dúvida, o guarda branco em Ruskaya Misl (penso que era S. E. Oldeburg) tinha razão quando em primeiro lugar em sua peça contra a Rússia Soviética fundava as esperanças numa cisão em nosso Partido e quando, em segundo lugar, contava que essa cisão trouxesse sérios desacordos dentro de nosso Partido.
>
> Nosso Partido se apoia em duas classes e, por tal motivo, sua instabilidade é coisa possível; e se não puder haver um acordo entre essas duas classes sua queda é inevitável. Nesse caso seria inútil tomar quaisquer medidas ou, de um modo geral, discutir a es-

O capitalismo no século XX

tabilidade de nossa Comissão Central. Nesse caso não haverá medidas capazes de prevenir uma cisão. Mas confio que se trate de um futuro demasiado remoto e muito pouco provável para ser discutido. Tenho em vista a estabilidade como garantia contra uma cisão no futuro próximo, e pretendo examinar aqui uma série de considerações de caráter puramente pessoal.

Penso que o ponto fundamental na questão de estabilidade, considerada desse ponto de vista, são os membros da Comissão Central, como Stalin e Trotsky. As relações entre eles constituem na minha opinião boa metade do perigo de cisão; este pode ser evitado na minha opinião elevando-se a cinquenta ou cem o número de membros da Comissão Central.

O camarada Stalin, tornado secretário-geral, concentra em suas mãos um poder enorme e não estou seguro de que ele saiba sempre usar desse poder com cautela. Por outro lado, o camarada Trotsky, como ficou provado, pela sua luta contra a Comissão Central no caso do Comissariado das Vias e Comunicação, distingue--se não só pelos seus talentos excepcionais – pessoalmente é hoje o homem mais capaz da Comissão Central – mas também por uma excessiva confiança em si e uma disposição para se preocupar demais com o lado administrativo dos negócios.

Essas duas qualidades dos dois chefes mais hábeis da atual Comissão Central podem, muito inocentemente, conduzir a uma cisão; se o nosso Partido não tomar medidas para o impedir, pode surgir inesperadamente uma cisão.

Não caracterizei os outros membros da Comissão Central quanto às suas qualidades pessoais. Lembrarei apenas que o episódio de outubro de Zinoviev e Kamenev não foi sem dúvida acidental, mas deve ser tão pouco invocado pessoalmente contra eles quanto o não-bolchevismo de Trotsky.

Dos membros mais moços da Comissão Central, desejo dizer algumas palavras acerca de Bukharin e Pitakov.

São eles na minha opinião as forças mais hábeis (entre os mais jovens); em relação a eles convém ter em mente o seguinte: Bukharin não só é o maior e mais valioso teórico do Partido; mas também pode ser legitimamente considerado o favorito do Partido; mas as suas especulações teóricas não podem ser tomadas como inteiramente marxistas, senão com a maior cautela, pois existe nele alguma coisa de escolástico (ele nunca aprendeu e acho que nunca compreendeu inteiramente a dialética).

Quanto a Pitakov, é um homem indubitavelmente notável, quer como vontade, quer como inteligência, mas demasiado entregue à administração e ao lado administrativo das coisas para que mereça confiança numa questão política séria.

Sem dúvida, estas observações são feitas levando em consideração apenas a situação atual, ou supondo que esses dois trabalhadores leais e capazes não encontrem oportunidade de completar os seus conhecimentos e de corrigir sua unilateralidade. 25 de dezembro de 1922.

P.S. – Stalin é demasiado rude e esse defeito, muito suportável entre nós comunistas, torna-se insuportável nas funções de secretário geral. Por isso proponho aos camaradas procurarem um jeito de remover Stalin desse cargo e nomear para ele outro homem que a todos os respeitos seja superior a Stalin – a saber, mais paciente, mais leal, mais polido e mais atencioso com os camaradas, menos caprichoso etc. Esta circunstância pode parecer uma bagatela insignificante, mas acho que do ponto de vista de impedir uma cisão e do ponto de vista das relações entre Stalin e Trotsky, que discuti acima, não é uma bagatela. Ou é uma bagatela que pode assumir importância decisiva.

Lenin.

4/janeiro/1923 (Schuster, 1942, p.515-7)

Bazhanoc, outro antigo secretário de Stalin, descreveu a sessão do Comitê Central em que Kamenev pela primeira vez leu o testamento. Embaraço terrível, paralisou todos os presentes. Stalin, sentado nos degraus da tribuna do *praesidium*, se sentiu pequeno e miserável. Estudei-o atentamente! Apesar do seu autodomínio e aparência de calma, era mais do que evidente que o seu destino estava em jogo... Radek que se sentava ao meu lado nessa sessão memorável assoprou-me as seguintes palavras: "Agora não terão coragem de agir contra você." Aludia às duas passagens na carta, em que me caracterizava como "o homem mais qualificado no pre-

O capitalismo no século XX

sente no Comitê Central" e a outra em que pedia o afastamento de
Stalin em virtude de sua rudeza, de sua deslealdade e de sua tendência ao abuso de poder. Disse a Radek: "Ao contrário, tentá-lo-
-ão agora até o fim, e o mais depressa possível." De fato, o testamento não apenas falhou nos objeitvos de impedir a luta interna,
o que era desejo de Lenin, mas ao contrário intensificou-a até o
delírio. Stalin já não podia ter dúvidas de que o retorno de Lenin à
atividade significaria a morte política do secretário-geral. E inversamente apenas a morte de Lenin poderia franquear a estrada a
Stalin. (Trotsky, p.489).

A crise da sucessão carismática é vencida, coincidindo com
as novas forças sociais que atuam. Antigo séquito carismático
convertido numa burocracia, encontra em Stalin seu expoente
máximo, que ocupa com sua fração os postos de direção do Partido e logicamente do Estado.

Pois de então em diante – apoderam-se do carisma os interesses de todos os que desfrutam o poder social, econômico e pretendem a legitimação de sua posição – por meio da derivação de uma
autoridade e uma ordem carismática sagrada. Assim, de acordo
com seu autêntico sentido, em vez de atuar revolucionariamente –
como seu *status nascendi* – contra tudo que se baseia numa aquisição "legítima de direitos", o carisma influi justamente como fundamento dos "direitos adquiridos". E, precisamente nesta função
tão alheia ao seu próprio caráter, converte-se num elemento integrante do cotidiano. (Weber, 1968, p.267)

A legitimação da posição da burocracia dominante colocava
a legitimação do carisma; no início essa legitimação é revolucionária, conforme a seguir. É sobre o esquife de Lenin que Stalin
leu seu juramento de fidelidade ao mestre:

Deixando-nos, o camarada Lenin nos ordenou que conservás-
semos puro o grande título de Membro do Partido. Nós vos juramos, camarada Lenin, honrar vossa ordem.

Deixando-nos, o camarada Lenin ordenou-nos que conservás-
semos a unidade de nosso Partido, como a menina de nossos olhos.
Nós vos juramos, camarada Lenin, honrar vossa ordem.

Deixando-nos, o camarada Lenin nos ordenou que mantivés-
semos e consolidássemos a ditadura do proletariado. Nós vos juramos, camarada Lenin, aplicar o máximo de nosso esforço para conseguir a vossa ordem.

Deixando-nos, o camarada Lenin nos ordenou que fortalecês-
semos e ampliássemos a União das Repúblicas. Nós vos juramos,
camarada Lenin, cumprir vossa ordem.

Deixando-nos, o camarada Lenin nos prescreveu a fidelidade
ao comunismo internacional.

Nós vos juramos, camarada Lenin, que haveremos de dedicar
toda a nossa vida ao alargamento e fortalecimento da união dos
operários de todo o mundo, a Internacional Comunista. (Trotsky,
p.497-9)

Em tom de homilia, o ex-seminarista de Tiflis fundamenta a
legitimidade do seu poder carismático em tradições revolucionárias bolcheviques.

Mas "todos os que desfrutam o poder social-econômico e
pretendem sua legitimação pressionam o carisma" (Weber, 1968,
p.267).

Na medida em que ele tende a satisfazer o interesse do séquito partidário convertido em burocracia, em lugar das tarefas
revolucionárias internacionais apartadas do sossego burocrático, coloca-se na ordem do dia o usufruto tranquilo dos bens con-
seguidos; este usufruto dos bens pela burocracia encontrou sua
expressão ideológica na teoria do "socialismo num só país" defendida pelo carisma Stalin – essa tese foi produto do descenso
do movimento operário europeu após a queda da Comuna e foi
desenvolvida por um social-democrata da direita, Geord Wolmar,
num artigo intitulado "O Estado Socialista Isolado" – oposta à
tese da "revolução permanente" defendida por elementos portadores da missão extracotidiana, oposta ao usufruto dos bens e

O capitalismo no século XX

à atividade lucrativa, os integrantes da "Oposição Internacional de Esquerda".

> A ideia da revolução permanente, isto é, do laço dissolúvel e real que une os destinos da República Soviética à marcha da revolução proletária no mundo inteiro, teve o dom de irritar acima de tudo as novas camadas sociais conservadoras, intimamente convencidas de que a revolução, tendo-as elevado à primeira linha, tinha assim cumprido a sua missão. (Trotsky, 1933, p.18)

A burocracia, na medida em que evolui para a direita, abandona as tradições revolucionárias anteriores, pelas tradicionais.

"A confluência de dois fatores – o carisma e a tradição – constitui um fenômeno regular" (Weber, 1968, p.267).

O capitalismo de Estado, estraficado sob a ditadura stalinista, estrutura a legitimidade carismática de Stalin na base do tradicionalismo conservador russo, de acordo com as modificações introduzidas.

A abolição da Internacional em 15 de março de 1944 e criação de um hino nacional exaltando a "Rússia, a Grande". Abolição da "Ordem de Lenin" e da "Bandeira Vermelha" e substituição pelas ordens de Suvorov, Kutuzov e Alexandre Nevsky, em 29 de junho de 1942. Esse processo de volta às tradições nacionais na legitimação do poder carismático encontrou sua acabada expressão no discurso de Stalin pronunciado no 24º Aniversário da Revolução Russa, em 7 de novembro de 1941:

"Sede inspirados nesta guerra pelas másculas figuras de nossos antepassados, Alexandre Nevsky, Dimitri Donskoi, Dimitri Poznarski, Alexandre Suvorov e Mikhail Kutuzov."

Todos eles heróis nacionais, de procedência feudal conservadora.

Suvorov lutou contra a Revolução Francesa e esmagou a rebelião camponesa de Pugatchev. Dimitri Donskoi é santo da Igreja Ortodoxa.

É nessa legitimidade tradicional que o carisma Stalin estrutura, de agora em diante, as bases de sua existência política.

Nesse carisma, opera-se a influência de duas tendências. Pelo fato de estar situado numa sociedade racionalizada, o carisma Stalin apresenta-se como símbolo de uma ideia e portador de um programa político. Isso não quer dizer que o elemento pessoal e intransferível não opere no carisma. Vemos as terríveis dores de cabeça que têm os membros do Politsburo quando pensam em algum elemento que substitua Stalin, alvitrando o triunvirato.

Esse triunvirato – Beria, Molotov e Malenkov – representaria para o regime burocrático-carismático novas fontes de crise interior e possibilidades de ruptura em sua unidade.

O triunvirato não manterá a unidade estruturada sob o carisma Stalin, como o demonstra a "liquidação" política de Malenkov e Bulganin.

Capítulo 7
Imperialismo russo

Onde mais violento foi o terror nazista, onde mais forte foi a resistência clandestina com a participação de organizações de caráter popular com tendências "esquerdistas", ali precisamente se decidiu a ocupação das tropas do imperialismo russo.

As mudanças políticas na Europa Ocidental corresponderam à fase das revoluções democrático-burguesas, baseadas na destruição dos restos feudais e na reforma agrária com a repartição dos latifundiários aos camponeses, sob forma de regime "democrático-popular".

A ocupação russa subjugou a decadente burguesia entrosando-a no Estado burocrático que a conservava "como propriedade privada" (Marx).

As primeiras vítimas da repressão stalinista foram todas as organizações populares de caráter esquerdista que não se dobraram ante os fundadores das "democracias populares".

Diante da burguesia, o stalinismo tomou uma posição de compromisso, entrosando os antigos quadros fascistas no novo aparelho estatal.

Na Hungria o primeiro Presidente do Conselho foi o General Bela Miklos de Dalnok, oficial condecorado por Hitler com a Cruz de Guerra. O Ministro da Guerra Janos Veoroes foi um ardente nazista. Na Romênia, o Chefe de Governo, Groza, banqueiro e ex-latifundiário, foi um velho militante do Partido de Iona Antonescu. O coronel Radu Antonescu, célebre por massacres de judeus, foi o chefe da polícia secreta.

Acordos comerciais

Um dos meios de penetração econômica do imperialismo russo é o dos acordos comerciais com os satélites. Incluem "empréstimos" russos em dólares, especialmente aplicados na Polônia e na China.

O imperialismo russo exporta em grau muito limitado o capital financeiro e mercadorias. É classificado de imperialismo porque sua estrutura burocrático-estatal tem o caráter capitalista pela apropriação da mais-valia. Quanto mais atrasado é o modo de produção, quanto mais parasitário é o monopólio e o Estado burocrático, tanto maior é a tendência à expansão imperialista.

A necessidade de uma acumulação primitiva em ritmo acelerado converte a burocracia num "Estado de rapina" (Rosa Luxemburgo) que despoja os povos subjugados das máquinas e instalações industriais.

Exemplo clássico de tal política expansionista é o tratado comercial russo-polaco, segundo o qual a Polônia deve entregar quotas anuais de carvão de 20 milhões de toneladas a 60 milhões de toneladas anuais. O preço do carvão estava fixado em 1946 a 40 zloyts por tonelada, quando o dólar valia 500 zloyts e a tonelada no mercado livre custava 5.000 zloyts.

O capitalismo no século XX

A balança comercial no primeiro semestre de 1946 marcava 800 milhões de zloyts em exportação de carvão polaco à Rússia, o que, dividido por 40 zloyts, resultava na cifra de 20 milhões de toneladas.

Como a Rússia compra o carvão a preço de 59 centavos de dólar, valendo a tonelada no mercado entre 5 e 9 dólares, ela despoja dessa maneira a Polônia entre 100 e 200 milhões de dólares anuais em carvão (Reytan, 1950, p.62).

A Rússia possui ainda sociedades mistas na Hungria e Romênia, controlando nesta os ramos básicos da economia nacional, pois possui em suas mãos 51% das ações de petróleo.

Rússia x Iugoslávia

Antes de analisarmos a tensão russo-iugoslava como um dos fenômenos que tipificam o imperialismo russo, tentaremos esquematizar seus traços de identidade e diferenciação com o imperialismo clássico ocidental.

Enquanto a constante econômica determina a linha de ação do imperialismo ocidental moderno, no russo é a constante política que dá a nota à economia, imprimindo-lhe a direção.

Assim, no imperialismo ocidental o Plano Marshall (econômico) é que dá lugar ao Pacto do Atlântico; no imperialismo russo a formação de sociedades mistas entre Rússia e satélites é precedida da ocupação militar do país por tropas russas e do domínio totalitário do mecanismo estatal pelo Partido Comunista.

A rebelião iugoslava (1948) é a manifestação mais patente da inorganicidade do imperialismo russo que domina o país mecanicamente pela força político-militar, não conseguindo transferir esse mecanismo de controle para o terreno econômico. Diferentemente, o imperialismo ocidental é mais orgânico na medida em que domina pela via econômica e indiretamente pela via política.

A tensão Iugoslávia-Rússia radica-se: 1) na necessidade de industrialização; 2) na transformação da burocracia em casta dirigente nacional.

A Iugoslávia é quase exclusivamente uma nação agrária, representando os lavradores 93% da população total, enquanto na Polônia atingem 60%, na Checoslováquia, 50%.

Dos 15 milhões de habitantes, apenas 475 mil são operários industriais. Quatro milhões e meio formam uma superpopulação que não pode ser sustentada pela agricultura[1].

A Rússia apoiou Tito contra Mihailovitch na esperança de que ele se convertesse num *gaulaitier*. Enquanto a Rússia procura tornar a Iugoslávia reserva agrária, Tito e a burocracia nacional levantam a bandeira da industrialização do país como solução para integrar no mecanismo produtivo a superpopulação permanente que sobra dos trabalhadores agrícolas.

O aumento da produção, de acordo com os planos nacionais mais ambiciosos que qualquer outro país do *glacis*, deveria efetuar-se nessa base:

Bulgária (2 anos) 67	44	34
Checoslováquia (2 anos) 10	9	0
Hungria (3 anos) 26,5	1	0
Polônia (3 anos) 52	16	20
Iugoslávia (5 anos) 223	93	52
(Reytan, 1950, p.62)		

Essas cifras representam o crescimento planejável para o fim do ano em relação ao nível pré-guerra, que foi considerado como aventureiro por Stalin.

A raiz do rompimento entre Iugoslávia e Rússia deve-se à relutância de Tito em enquadrar-se na estratégia geral do impe-

---

1 Informações da primeira edição do livro, de 1967. [N. O.]

rialismo russo, que tende a converter a Iugoslávia em simples reserva agrícola.

Devido ao caráter agrícola do país, a burocracia iugoslava ocupa o lugar da burguesia. Ela forjou-se nas lutas de guerrilhas num ambiente de independência de Moscou, com um acentuado caráter nacionalista.

Isso se manifesta na transcrição iugoslava da teoria stanilista do "socialismo num só país".

Em sua essência, o regime econômico imperante na Iugoslávia é o capitalismo de Estado, enquadrado numa estrutura política totalitária na base de ditadura do partido único, que obedece ao chefe carismático: Tito.

A rebelião iugoslava decorre da solução de caráter político-burocrático que o imperialismo russo tende a dar aos problemas típicos iugoslavos.

Capítulo 8
Concentração da produção

Pouco antes de 1900 é que os economistas começaram a se preocupar com essas novas formas que mudariam toda a fisionomia de nossa vida econômica, que são os trustes e os cartéis.

A evolução do capitalismo num sentido centralizador e monopolista já fora pressagiada por Karl Marx, que chama de "centralização" essa última etapa da concentração do capital.

> A concentração do poder econômico e da riqueza colocou em perigo o bem-estar das massas ocupadas na agricultura e na indústria, *provocou a absorção das pequenas empresas pelas grandes* [grifado pelo autor] e estas se defrontam com o problema de serem absorvidas pelo Governo. (Vivas, 1944, p.125)

A Comissão Temporária da Economia Nacional criada por Roosevelt para investigar o grau de concentração da economia norte-americana, na sua segunda série de audiências públicas, demonstrou que 16 companhias controlam 96% dos tubos condutores de nafta e 14 companhias controlam 89% dos oleodutos nos Estados Unidos.

A fim de demonstrar a existência da concentração econômica nos Estados Unidos, a Comissão inicia seu informe geral se referindo à concentração nas indústrias ocupadas na defesa nacional, provando com dados estatísticos que os contratos de defesa outorgados pelo Departamento de Guerra e Marinha no período compreendido entre 1 de junho de 1940 e 1 de março de 1941, importando num total de 12 bilhões e 695 milhões de dólares e que foram distribuídos entre os Estados e organizações industriais da União, revelam de forma evidente o alto grau de concentração do poder econômico e da riqueza nos Estados Unidos.

Dois Estados (Montana e Dakota do Norte) não receberam nesse período nenhum contato maior de 10 mil dólares; três Estados apenas receberam, cada um, uma centésima parte de 1%; cinco Estados receberam menos de sete centésimos de 1% e outros 20, incluindo o distrito de Colúmbia, receberam menos de 1% cada um. No extremo da escala, temos quatro Estados (Califórnia, Nova York, Nova Jersey e Pensilvânia) que receberam 39,32% dos contratos outorgados. Na realidade, 82,25% do total correspondem a 15 Estados. A análise dos contratos de defesa outorgados revela uma concentração econômica ainda mais surpreendente; aproximadamente 45% do total que importam 13 bilhões de dólares foi outorgado a seis grupos de empresas relacionadas entre si. (Vivas, 1944, p.91-2)

De qualquer forma, é quase impossível enumerar todas as formas sociais nas quais tem lugar a concentração do poderio econômico nos Estados Unidos. As linhas de controle convergem e divergem entre as diferentes empresas nas formas mais complexas. Os laços que unem os estabelecimentos são quase imperceptíveis ao investigador alheio à ação econômica. Entre as combinações mais patentes, estão aquelas que resultam dos "Acordos de Cavalheiros" e de "Banquetes". Nesse intrincado

O capitalismo no século XX

mecanismo, um fato é passível de verificação: a diminuição da livre concorrência e sua substituição por combinações de empresários, sob forma de sindicatos, trustes ou cartéis.

"Nas indústrias em que a concorrência parece ser normal, na realidade se acha em constante diminuição. Os competidores tratam continuamente de limitar os efeitos da concorrência e obter assim, em algum grau, o monopólio" (Vivas, 1944, p.85).

Trustes e cartéis

A concentração da produção leva inevitavelmente à sua estruturação na forma de trustes, cartéis ou sindicatos.

Esse processo deu-se em toda a sua pureza no século XIX na Inglaterra após a Revolução Industrial. Ela foi o berço da economia liberal, do capitalismo na sua fase de livre concorrência, e por isso tornou-se o centro da gravitação das pesquisas de Marx sobre o capitalismo em geral. Da mesma forma, no século XX, os Estados Unidos aparecem como campo onde se projeta em toda a sua pureza o fenômeno oposto: desaparecimento da livre concorrência pela concentração da produção e sua trustificação crescente.

> Comprovou-se que a maior parte da riqueza e das rendas do país [Estados Unidos] está nas mãos de umas poucas empresas gigantes, que estas empresas, por sua vez, são propriedades de um grupo infinitamente pequeno de pessoas e que os lucros provenientes delas vão às mãos de um grupo menor, tendo como resultado que as oportunidades para o estabelecimento de novas empresas diminuem constantemente. (Vivas, 1944, p.97)

A finalidade econômica dos trustes consiste em influir como meio de supressão da concorrência interna num ramo qualquer da produção, na repartição do total do lucro realizado no mercado, visando aumentar a parte daquele ramo da indústria à custa de outros. É por isso que a prática não pode ser generalizada. Estendendo-se a todos os ramos da indústria, ela eliminaria com isso seu próprio resultado. Daí ser uma utopia uma economia planificada no regime capitalista de produção.

É na eliminação da concorrência pelo monopólio em forma de truste, cartel ou sindicato que o capitalismo se desenvolve. A forma da centralização econômica em nada altera o sentido íntimo do processo dela.

"Quer a concentração se faça pela via violenta da anexação, quer se verifique a fusão de muitos capitais já formados ou em formação, mediante o processo mais tranquilo de sociedade por ações, o efeito econômico é sempre o mesmo" (Marx, 1976, p.127).

Esse período de centralização inicia-se no começo do século XX com alianças, monopólios e cartéis. É o período no qual a concorrência gera sua contrapartida dialética, o monopólio. Por sua vez, o monopólio produz a socialização do processo de produção.

O monopólio já não produz para um mercado ignorado como o dos capitais dispersos no mar da livre concorrência. A concentração da produção chegou a tal ponto que é possível fazer um cálculo aproximado das fontes de matérias-primas de cada país, de vários países ou do mundo, efetuando-se sua apropriação pelas associações monopolísticas. O cálculo aproximado é efetuado segundo acordo estipulado entre as associações monopolísticas que dividem entre si o mercado. Por meios coercitivos obrigam as empresas não pertencentes ao truste ou ao cartel a ingressar nele, pela privação da mão de obra mediante aliança com os sindicatos operários, os quais se comprometem a fornecer mão de obra somente para as empresas pertencentes ao truste; pela privação das fontes de matérias-primas, privação de mercados na base de acordos com compradores que possam manter relações comerciais unicamente com o cartel, ou pela diminuição siste-

O capitalismo no século XX

mática dos preços com a finalidade de arruinar as empresas que
não se submetem ao truste.

> Existe abundante prova demonstrativa de que numa vasta zona
> de artigos de consumo os preços se acham administrados ou dirigi-
> dos por pessoas de tal maneira poderosas que a concorrência de pre-
> ços desapareceu em muitos campos da indústria. (Vivas, 1944, p.84)

A luta da pequena propriedade contra o truste não pode ser
considerada como uma batalha regular, com o aniquilamento
cada vez maior dos exércitos da parte fraca, mas pela ceifa periódica dos pequenos capitais absorvidos pelo grande capital. Não
é necessário que esse processo se manifeste pela diminuição nu-
mérica absoluta das empresas médias. Manifesta-se pelo aumento progressivo do capital necessário ao funcionamento das empresas nos ramos antigos da produção.

Esse fenômeno aparece mais claramente na concentração das
indústrias de eletricidade.

Como sabemos, a indústria de eletricidade divide-se em duas
partes fundamentais: a indústria eletrotécnica, que faz as instalações, constrói os aparelhos e máquinas, e a indústria de energia elétrica, que produz e distribui a corrente. Aparecem condições extremamente favoráveis para a formação de "trustes", na
indústria de energia eletrotécnica, pela estandardização da própria técnica, na indústria de energia elétrica, por causa dos enor-
mes capitais que requer.

A organização trustificada apresenta com maior nitidez o
caráter socializado do processo de produção e a apropriação privada do trabalho.

Constitui, nesse sentido, o elemento formal para a realização de uma economia planificada com objetivos não lucrativos,
mas sociais.

O desenvolvimento de uma economia centralizada só pode
constituir o elemento total para a realização da planificação so-

cialista se as formas de propriedade corresponderem ao processo de socialização da produção, ou seja, se forem socializadas.

Em si mesma, a centralização econômica pode tirar a socialização da propriedade supérflua se tomar o rumo do capitalismo de Estado. Nesse sentido, a centralização da produção apresenta os germes formais para a realização da planificação socialista no sentido teórico e não no sentido histórico.

Por conter esses elementos formais é que a organização trustificada prenuncia a socialização não do processo de produção, mas das relações de propriedade nas quais esse processo tem lugar. Esse prenúncio só poderá se converter em realidade na medida em que o próprio processo histórico for criando os meios de controle econômico-político do processo de produção pela classe operária, com consciência de seu destino político e social.

Bancos

Ao lado da centralização industrial dá-se, obrigatoriamente, a centralização bancária.

Os grandes bancos aparecem como resultado de um longo processo de concentração; os Big-Five da Inglaterra como os D-Banken da Alemanha, os grandes estabelecimentos de crédito da França como dos Estados Unidos.

A amalgamação é efetuada de duas maneiras: pela absorção das pequenas instituições por alguns bancos deliberadamente expansivos, que as transformam em simples sucursais ou filiais, deixando-lhes muitas vezes formalmente sua independência e nomes primitivos; ou pela fusão de bancos trazendo cada um uma cadeia de sucursais para o bloco comum.

O movimento mais pronunciado de concentração bancária coincidiu com o movimento de concentração industrial por volta de 1880. No início, seu papel consiste em servir de intermediário para pagamentos; com isso, converte-se o capital bancá-

O capitalismo no século XX

rio de passivo em ativo, alcançando lucros e reunindo todo o dinheiro metálico, colocando-o à disposição da indústria. À medida que os bancos se desenvolvem, sua concentração em número reduzido de estabelecimentos se efetua, transformando-se de modestos intermediários que eram no início em monopolistas onipotentes que dispõem de todo o capital metálico dos países capitalistas, bem como da maior parte dos meios de produção e fontes de matérias-primas.

Como incremento da concentração dos bancos renstringe-se o círculo de instituições às quais se pode dirigir em procura de crédito; aumenta assim a onipotência do banco e a dependência da grande indústria em relação aos grupos financeiros; a liberdade de movimento das indústrias vê-se restringida. Por isso, a grande indústria assiste com certa perplexidade à concentração bancária, com efeito, amiúde, pode-se observar o germe de acordos determinados entre os consórcios dos grande Bancos, acordos cuja finalidade é limitar a concorrência. (Lenin, 1966, p.456)

É em nossa época que se verifica a absorção do capital industrial pelo bancário, formando o capital financeiro, unindo numa única cadeia a centralização econômica e bancária e o processo socializado de produção, trazendo em si os elementos formais para a planificação da via econômica em proveito do homem.

União pessoal dos bancos com as indústrias

Com a formação do capital financeiro, fruto do entrelaçamento da indústria com o banco, dá-se uma "união pessoal" entre eles. Amplia-se o campo de atividades de algumas indústrias que penetram nos conselhos de administração dos bancos; por outro lado, à medida que aumenta a proporção e variedade das operações bancárias se estabelece uma divisão de trabalho cada vez mais nítida entre seus direitos, a fim de elevá-los acima dos negócios puramente bancários, orientá-los melhor em questões industriais, preparando assim os quadros para a atividade bancária em determinadas esferas industriais em que opera o banco.

Esse processo acha seu complemento na tendência dos bancos em eleger em seu Conselho de Administração elementos que conheçam bem os ramos industriais, sendo os eleitos geralmente antigos patrões, funcionários de ferrovias, minas etc.

A união pessoal dos bancos com as indústrias completa-se com a união pessoal dessas e de outras sociedades com o governo. Os postos no Conselho de Vigilância – escreve Jeidels[1] – são confiados a personalidades de nome conhecido, assim como a antigos funcionários de Estado, os quais podem proporcionar não poucas facilidades nas relações com as autoridades. No Conselho de Vigilância de um grande banco encontramos um membro do Parlamento. (Lenin, 1966, p.457-8)

Como ilustração, damos abaixo uma lista de personalidades do ramo industrial com o número total de cadeiras que possui, nos bancos; essa lista refere-se aos Estados Unidos:

Personalidades   Número de cadeiras

E.P. Sommerson – Electric Bond and Share 240
A.I. Koch – American Utilities Cy 212
J.F. McKenna – American Utilities Cy 190
C.A. Dougherty – Associated Gas and Electric Cy 180
Arthur S. Ray – Electric Bond and Share 179
L.T. Edmonds – American Utilities Cy 155
W.W. Bell – Altona and Logan Valley Electric Railway Cy .. 127

---

1 Ao que parece, trata-se de citação de Lenin, pois o autor Jeidels inexiste no Catálogo da Biblioteca Maurício Tragtenberg; portanto, o registro de outras informações não foi possível. [N. O.]

I. Weinberger – American Utilities Cy 114
I.W. Hill – Electric Bond and Share 112
W.H. Wilds – Alabama Utilities Service Cy 102
R.B. Small – Alabama Utilities Service Cy 102
W.M. MacFarland – Alabama Utilities Service Cy 102
Lucke S. Bradley – Alabama Utilities Service Cy 101
L.L. Fenton – Alabama Utilities Service Cy 101
M.S. O'Keefe – American Utilities Cy 100

Crises econômicas

Segundo Marx, é pela existência das flutuações dos lucros obtidos pelas diversas empresas que se chega a determinar as taxas médias de lucro.

Essas flutuações advêm das constantes atrações e repulsões pelas quais o capital vai de um ramo a outro da produção, segundo as mudanças da procura. Para se efetuarem essas transferências é preciso que seu novo campo de aplicação dê possibilidade a um lucro superior à média. Da mesma maneira, uma taxa baixa de lucro se elevará em consequência da emigração dos capitais de certo ramo da produção. À medida que a técnica de produção se desenvolve, emprega-se cada vez menos trabalho humano e mais instalações e máquinas para produzir uma determinada quantidade de mercadorias. Daí, ao se produzir uma quantidade determinada de produtos ou empregar uma determinada quantidade de capital, cria-se cada vez menos valor. Assim, criam-se menos mais-valia, pois esta é simplesmente a parte do valor de que se apropriam os capitalistas. Vemos, pois, que a tendência da taxa média de lucro (mais-valia) será decrescente de mercadorias ou uma determinada quantidade de capital.

No entanto, o aumento do lucro e a ocupação podem coadunar-se com a redução da taxa média de lucro se é aumentado com suficiente rapidez o capital total.

Pois é sobre o capital total que é calculada a taxa média de lucro.

A lei que move o capitalismo é a da acumulação; a esse fenômeno é que Marx chama "lei das duas caras", porque provém tanto de uma taxa decrescente de mais-valia como de uma quantidade crescente dela.

> Com a acumulação do capital, desenvolve-se, pois, o modo específico da produção capitalista, e como modo específico capitalista, a acumulação do capital. Esses dois fatores econômicos engendram segundo a proporção composta do impulso que reciprocamente se imprimem a mutação da composição técnica do capital, em virtude da qual a porção variável faz-se cada vez menor comparada com a constante. (Marx, 1976, p.121)

O progresso técnico em particular e o desenvolvimento do capitalismo em geral, elevando a taxa média de lucros e reduzindo o valor da totalidade física do capital constante, freiam a queda da taxa de lucro, da qual são a verdadeira causa.

Se não operam com suficiente velocidade, advém um período de crise com a queda total da taxa de lucro, a perda da capacidade aquisitiva do consumidor e a superprodução que pode tomar a forma de crise cíclica.

A economia capitalista teve sua primeira crise em 1815; de um lado, os grandes inventos (máquina a vapor, máquina de fiar) que determinaram novo ritmo na produção; de outro lado, as guerras napoleônicas (bloqueio continental) que influíram grandemente no consumo. Os compradores não apareceram, os preços caíram, sobreveio uma crise de desemprego ocasionada pelo licenciamento dos soldados. Os operários quebraram as máquinas expressando sua revolta (movimento ludista).

Com os novos inventos, o uso do gás e os bondes, criaram-se bancos para financiar as novas empresas, e em 1825 sobreveio outra crise.

O capitalismo no século XX

"A crise de 1825 resultou de grandes inversões de capitais na construção de estradas, de canais e usinas de gás que se verificaram no decorrer da década precedente, principalmente na Inglaterra, onde a crise eclodiu" (Luxemburgo, 1946, p.321).

Consequentemente, tornou-se impossível a obtenção de créditos, os preços caíram, e em seis semanas 70 bancos fecharam suas portas.

Com novas colheitas abundantes e novos estabelecimentos bancários, a economia britânica entra em ascensão. Por outro lado, isso traz novas crises.

A crise de 1836-1839 resultou de altíssimas inversões na construção de meios de transporte.

Nos Estados Unidos, 618 bancos faliram após uma especulação desenfreada; o Banco da Inglaterra (com perda de ouro) interveio para dominar o pânico. A febre fez subir os preços, novas más colheitas em 1847 ocasionaram mais ruínas e pânico.

A crise de 1847 foi provocada pela febre de construções de estradas de ferro na Inglaterra. De 1844 a 1847, o Parlamento inglês deu concessão de linhas férreas no valor de 1 bilhão e meio de dólares. Os preços dos cereais baixaram pela metade em algumas semanas. Os bancos, casas especializadas no comércio de grãos, faliram. A miséria dos operários após essas crises ininterruptas levou-os a movimentos revolucionários.

Essas três crises surgiram da nova constituição da economia capitalista. Elas marcam o fim do primeiro período do capitalismo.

Inicia-se novo período de desenvolvimento capitalista com a ampliação das redes ferroviárias, do uso do vapor e dos grandes bancos.

Foram abertos novos escoadores para a indústria europeia na América do Norte e na Austrália, impulsionados pela descoberta das minas de ouro. Mas em 1857 o primeiro banco a falir foi na América do Norte. Pela primeira vez, a crise estende-se à

151

economia mundial. Logo ela alcança a Prússia, a Escandinávia e a Alemanha. As crises seguintes foram de importância local: 1863 na França, 1866 na Inglaterra (e quebra da Overland & Co.), 1869 nos Estados Unidos com a famosa "Tarde Negra" de 23 de setembro, provocada pelas especulações de Jay Gold.

Logo veio a grande crise de 1863, como consequência direta do primeiro surto da grande indústria na Áustria e Alemanha. Com a quebra do Wechsel-Bank de Viena, passou pela Alemanha, Inglaterra e atingiu os Estados Unidos, refletindo-se novamente na Europa (Crise do Algodão).

Houve crises locais, com a quebra do grande banco londrino Baring-Brothers; em 1893, a crise da prata, o *crack* na Bolsa. Deu-se nova ascensão com a exploração intensiva do ouro na África do Sul, a abertura de novos mercados e a elevação dos salários. Isso durou até o outono de 1900.

Nova crise estendeu-se por todo o mundo provocando pânico geral. Na Alemanha é que ela se apresentou mais claramente. O capitalismo alemão desenvolvia-se então rapidamente, a taxa de juros do Reichbank subiu de 4% para 7%, deu-se a elevação dos salários dos operários. No entanto, essas medidas não evitaram a crise. A fabricação era maior que a capacidade de consumo do mercado. Sobre o mecanismo da crise, foi Marx quem nos esclareceu quando mostrou que a crise pode vir da velocidade de acumulação que elevou o preço da força do tabalho, como da incapacidade para vender maior quantidade de bens de consumo pela retração do mercado.

Os bancos não abrem créditos novos, retirando os que já tinham concedido há pouco; é a crise deflagrada em 1900.

O Preusische Hipotekebank sucumbe em 25 de junho de 1901, e o Leipziger Bank fecha suas portas. Os depositantes dos bancos e caixas econômicas acorrem ao Dresdner Bank, que resiste devido ao auxílio de outros bancos.

Após a Primeira Guerra Mundial, os Estados Unidos, que até então eram o primeiro produtor de matérias-primas, passaram

O capitalismo no século XX

a ser uma potência industrial e a Índia e o Japão seguiram o mesmo rumo.

Ao passo que antes da Primeira Guerra o Ocidente inundava o mundo com seus produtos e o resto do mundo só podia pagar com matérias-primas, agora o resto do mundo inundava o Ocidente com matérias-primas e produtos alimentícios que este não lhe podia pagar porque não vendia seus produtos industriais: aí todo o mercado europeu se paralisou, motivando a queda da produção do aço e carvão a níveis anteriores ao da guerra de 1914.

Até fins de 1920 o desemprego atingiu quase 10 milhões entre a Europa e os Estados Unidos. Considerando os semidesempregados, que recebiam menos que os totalmente empregados e gozavam de albergue, o número ascendeu a 20 milhões. Incluindo os trabalhadores e suas respectivas famílias, concluímos que uma população calculada em 60 milhões não tinha poder aquisitivo.

Os países agrícolas não compravam produtos industriais, não podiam, assim, dar vazão às suas colheitas; enquanto isso, as massas europeias morriam de fome. Após essa crise, as divisas monetárias da maioria dos países europeus estabilizaram-se.

Apesar disso, a Europa continuava endividada com a América do Norte, que além de credora se converteu em provedora de matérias-primas e produtos industriais. A absorção pela Europa dos produtos americanos estava intimamente ligada ao fornecimento de crédito, a "reconstrução" foi ilusória, os produtos europeus chocavam-se diante de tarifas protecionistas. Por outro lado, tão logo deixaram de afluir créditos americanos, a Europa deixou de comprar; delineou-se no horizonte a crise de 1929.

A lei geral a que as crises obedecem é expressa do seguinte modo:

> Quanto maiores são a riqueza social, o capital funcionante montante e a energia do seu crescimento e, portanto, também a magnitude absoluta da força de trabalho operário, tanto maior é o exército

153

industrial de reserva. A força de trabalho disponível é desenvolvida pelas mesmas causas que as forças expansivas do capital. A magnitude proporcional do exército industrial de reserva cresce, pois, junto com as potências da riqueza. Mas quanto maior é este exército industrial de reserva em relação ao exército operário ativo, tanto maior é o excesso permanente da produção cuja miséria é inversamente proporcional ao seu tormento de trabalho. Enfim, quanto maiores são as camadas dos lázaros da classe operária e o exército industrial de reserva, tanto maior é o pauperismo oficial. Esta é a lei absoluta e geral da acumulação capitalista. (Marx, 1976, p.139)

Segundo o *The Economist* de 2 de junho de 1934:

> Em todos os países, com exceção da Itália, os salários reais (e as remunerações de todos aqueles que trabalham em tempo integral) registraram um aumento substancial entre 1929 e 1931; enquanto os preços se reduziram rapidamente, essa redução não foi acompanhada por uma correspondente redução das taxas de salários. Isso provocou naturalmente um aumento do número de desocupados e as fábricas fecharam

Assim, a crise de 1929 foi precedida por uma elevação de salários compensada por aumento de desocupados.

A raiz dessa elevação encontra-se no dilema em que se debate o capitalismo: alta taxa de lucro e abundância. Deve-se ao fato de o capitalismo ter só duas soluções: ou reduzir os salários e manter o custo da produção ainda à custa de destruir o mercado pela crescente quantidade de artigos de consumo; ou permitir que os serviços sociais e os salários aumentem provendo-os de um mercado ainda à custa de acabar com o custo da produção, ao deduzir o segundo elemento determinante da mais-valia: o baixo salário.

A crise, segundo o *The Economist*, deveu-se ao fato de não poderem os capitalistas reduzir os salários com a rapidez necessária para impedir a elevação dos salários reais.

O ano de 1932 foi um período de ajuste gradual do custo-
-trabalho, como demonstra a redução dos salários reais no Japão, Alemanha, Estados Unidos e Reino Unido.

No Reino Unido e no Japão o ajuste foi feito por uma desva-
lorização monetária; a Alemanha e os Estados Unidos escolhe-
ram o caminho mais doloroso: a redução dos salários normais.
Um exemplo disso são os decretos de emergência em janeiro de
1932 na Alemanha, reduzindo os salários oficiais em 10%. Foi
detendo os salários reais que a burguesia conjurou a crise; assim a classe operária pagou as despesas de um banquete do qual
não participou.

Na Itália a redução de salários já se iniciara em 1928, conforme nos mostra o Sr. Biagi, Secretário da Confederação Nacional dos Sindicatos Fascistas, em artigo publicado no *Corriere della
Sera* de 26 de março de 1932:

> Entre julho de 1927 e dezembro de 1928 os salários reduzi-
> ram-se de 20%, como resultado dos acordos relativos à estabiliza-
> ção da lira. Uma redução posterior de 10%, aproximadamente, deu-
> -se em 1929 e, em novembro de 1930, registrou-se um descenso
> generalizado nos salários, ultrapassando em alguns casos 18%. Em
> outros, alcançou 25%.

O informe sobre as condições econômicas da Itália de 1933
publicado pelo Departamento Britânico do Comércio Exterior é
a versão mais autorizada que se pode aceitar. Percentualmente
foram as seguintes as baixas de salário ocorridas:

Indústria química .... 20 a 25%

Indústria rayon 20%

Indústria rayon (Turim) 38%

Indústria de vidro .... 30 a 40%

Indústria de tecidos de algodão 40%

Indústria de lã 27%

Tecidos de seda 38%
Indústria metalúrgica 23%
Indústria de construção 30%
Indústria mineira 30%

Tal situação é confirmada em discurso de Mussolini perante o Senado italiano em 18 de dezembro de 1930, publicado pelo *Corriere della Sera* em 19 de dezembro do mesmo ano: "Afortunadamente o povo italiano não está acostumado a comer várias vezes por dia. Seu padrão de vida é tão baixo que sente menos a escassez e o sofrimento".

Na Alemanha a situação econômica não era melhor, conforme publicou o *The Economist*, num estudo sobre a situação alemã, em 10 de novembro de 1934, sob o título: "A baixa dos salários reais". Deparamo-nos com esse quadro: "A considerável elevação do custo de vida chegou a ser tão aguda na semana passada que o governo teve que intervir para acalmar os consumidores".

Segundo o antigo índice do Reich, o custo de vida elevou-se de 116,6% em abril de 1933 a 122,5% em setembro de 1934. Artigos alimentícios como batatas, vegetais e algumas matérias graxas aumentaram de 200 a 300%.

A última causa – escreve Marx – de todas as verdadeiras crises será sempre a pobreza e o restringido consumo da grande massa da população em comparação com a tendência da produção capitalista a desenvolver as forças produtivas, cujo máximo limite seria o poder absoluto de consumo da sociedade inteira. Mas, se fosse tentada a eliminação da pobreza popular elevando os salários, imediatamente apareceria uma primeira causa da crise, que se manifesta na queda da taxa média de lucro e na consequente paralisação da produção.

Vemos o trágico dilema da economia capitalista – quanto mais aumenta seu poderio técnico, mais aumentam as possibi-

O capitalismo no século XX

lidades de crise; quando se procura elevar o salário operário, surge a tendência à queda da taxa de lucro e a crise consequente.

Para evitar a crise, a burguesia nos Estados totalitários tem mais facilidade em jogar o peso da crise sobre os ombros da classe operária, baixando seus salários oficiais, para equilibrar a taxa média de lucro ainda que à custa de um rebaixamento maior de nível de vida para a maioria da população. Foi o que sucedeu na Itália de Mussolini e na Alemanha de Hitler.

Mais difícil isso se torna ao se tratar de uma classe operária organizada independentemente do aparelho estatal.

A economia capitalista produzindo para um mercado desconhecido esbarra com o fantasma da crise, fruto da anarquia da produção, decorrência lógica do sistema de propriedade privada. Para evitar que isso aconteça, a burguesia previne-se com medidas "planificadoras". Mas por sua própria natureza a burguesia só pode planificar a produção, não o consumo, porque a caça ao lucro é a mola vital de sua existência econômica.

Nas formas de vida econômica atuais, a planificação, ou sob forma de capitalismo de Estado ou economia mista, só se dá em conjunturas de guerra, criando a "economia de guerra".

A interdependência dos ramos de produção de uma indústria, a existência de laços econômicos entre os diversos ramos industriais de um país e a dependência deste do mercado mundial situam o problema da planificação econômica como condição básica para evitar as crises de superprodução e a "economia permanente de guerra" (Schachtman), canalizando as forças econômicas postas em movimento pelo homem em nossa época ao seu serviço e não aos interesses de pequenos grupos dominantes.

Nossa época caracteriza-se pelos antagonismos: antagonismo entre o processo socializado da produção e sua apropriação privada, a planificação da produção e a anarquia do consumo, as barreiras nacionais e a universalização da economia moderna, que produzem esses desequilíbrios sociais a que damos o nome de guerras, onde têm escoamento os produtos, os homens e as forças represadas em tempo de paz.

Imperialismo, capitalista típico

A composição orgânica do capital é a lei mais típica para a produção capitalista, consistindo na relação entre o capital constante (c) investido em meios de produção e o capital variável (v) investido em bens de consumo.

A relação c/v tende a uma constante diminuição do v que representa a força de trabalho em relação a c meios de produção, sendo uma das leis fundamentais do capitalismo e uma de suas profundas contradições.

A única fonte de lucro capitalista consiste na absorção da mais-valia, ou sobreproduto do trabalho. Para elevar o montante de mais-valia e a produtividade do trabalho, o capitalista aumenta o capital constante (c), isto é, de máquinas e meios de produção, que por sua vez acarreta a queda do v, diminuindo a taxa média de lucro, ameaçando as bases do capitalismo. Para evitar essa queda, quando não existe possibilidade de aplicação do excedente do capital nos ramos internos da economia, surge a necessidade da exportação do capital como única saída para elevar a taxa média de lucro decrescente.

Assim, em oposição ao capitalismo do século XIX, que se apoiava na exportação de mercadorias, o capitalismo moderno baseia-se na exportação de capitais.

A exportação de capitais é realizada pelas grandes potências capitalistas, que dividem entre si os continentes onde repartem os capitais exportados, conforme vemos a seguir:

O capitalismo no século XX

Exportação de capital

Continentes onde são repartidos (aproximadamente) os capitais exportados (em milhões de marcos).

Continentes	Grã-Bretanha 1910	Alemanha 1910	Estados Unidos 1912	Grã-Bretanha 1930	Alemanha 1930	Estados Unidos 1930
Europa	4	18	0,8	6	2,7	
					2,3	21
América	37	10	6,9	30	1,5-	38
Ásia, África e Austrália	29	7	0,3	40	0,2	7
Total	70	35	8,0	76	4,0-5,0	66

Essas inversões oferecem fartos lucros aos países exportadores, conforme abaixo:

Renda dos países imperialistas provenientes de investimento em longo prazo no estrangeiro

Em milhões de dólares ouro	1929
Grã-Bretanha (*minimum*)	1.219
Estados Unidos	876
França	179
Japão	45

Dividendos e lucros pagos pelas colônias sobre investimentos estrangeiros (em milhões de dólares ouro)

	1928-1929
União Sul-africana	77,4
Argentina	190,6
Canadá	299,1
Índias inglesas	125,6
Austrália	173,4
Nova Zelândia	43,4

Chegando em alguns casos (Inglaterra) a superar a renda nacional, conforme abaixo:

Renda dos investimentos no estrangeiro e a renda nacional total da Grã-Bretanha

Anos	Índice da renda nacional	Índice da renda no estrangeiro
1924	100	100
1926	102,7	125,9
1927	108,4	148,7
1928	107,3	149,2
1929	111,4	155,1
1930	109,8	139,5

A maioria desses investimentos é feita na base de um pagamento de larga margem de dividendos do país "contemplado", como vimos na estatística anterior.

Assistimos a uma época de dominação da oligarquia financeira que, ao exportar o capital, cria sua contrapartida dialética, uma classe operária organizada com interesses opostos aos dela.

A Segunda Guerra Mundial, ao liquidar o imperialismo alemão, japonês e italiano, ao reduzir a Inglaterra à posição de uma potência de segunda categoria – prova-o o auxílio americano em 4 milhões de dólares –, determinou uma nova correlação de forças na arena política mundial: a luta entre o imperialismo russo e o imperialismo norte-americano pela hegemonia mundial colocou-se na ordem do dia.

A posição dominante do imperialismo do dólar no mundo ocidental e a conversão da Europa em apêndice seu foi um dos resultados da Segunda Guerra Mundial.

A Europa, apesar das injeções de ouro do Plano Marshall, ainda luta com um problema crônico: o perene desequilíbrio de sua balança de pagamentos, pois suas importações vitais ultra-

O capitalismo no século XX

passam de longa data suas exportações para a zona do dólar. Tal situação motivou a tendência observada em certos grupos da burguesia norte-americana de prolongar por mais tempo o Plano Marshall, apesar do avultado número de inversões norte-americanas tanto por via particular como por via estatal.

No entanto, o equilíbrio entre Europa e América do Norte nos quadros do sistema econômico de meados do século XX é impossível de se estabelecer, devido ao desenvolvimento desigual do mecanismo econômico do regime capitalista; é obedecendo a essa lei que a Europa aproveitou os créditos do Plano Marshall para reconstruir seu parque industrial e voltar a participar da concorrência no mercado mundial, conquistando um lugar ao sol.

As tentativas "planificadoras" da burguesia expressas no Plano Schuman, no Benelux, chocam-se com as tendências de concorrência dentro da própria economia europeia.

A concorrência, mola fundamental do regime capitalista que coloca uma nação contra outra, um bloco de nações contra outro, é que determina em última análise a conduta do país europeu diante da Europa e desta ante os Estados Unidos.

Nesse sentido, a CED, a OTAN, o Pacto Atlântico são as inferências político-militares do Plano Marshall.

No entanto, é nos países semicoloniais e coloniais que o imperialismo apresenta seus aspectos típicos.

Na América Latina a ação do imperialismo norte-americano toma forma de dominação político-militar direta. Esta se baseia na conquista armada ou na compra.

Em 1803, o imperialismo do dólar adquire Louisiana; a Espanha lhe cede por um tratado os territórios entre o Mississipi, Flórida, Louisiana e Golfo do México.

No mesmo ano, dá-se a incorporação da Flórida. Em 1845, os americanos anexam o Texas, a Alta Califórnia, o Novo México, Nevada, Arizona, Utah e parte de Wyoming e Colorado, num total de 918.335 milhas quadradas de território.

Em 1864, os Estados Unidos anexam Oregon. Em 1857, adquirem o Alaska. Em 1898, anexam as Ilhas Sandwich. No mesmo ano, por consequência da guerra com a Espanha, ficam o Porto Rico, as Ilhas Filipinas e Guam em seu poder. Em 1904, adquirem o direito perpétuo de ocupação, uso e controle sobre o Canal do Panamá. E em 1917, adquirem as ilhas danesas (Antilhas).

> Este é o sentido político objetivo da Doutrina Monroe: América para os Americanos do Norte.
>
> Este é o sentido íntimo das fundações de repúblicas independentes como Cuba e Panamá, da intervenção na Nicarágua e da deposição de presidentes pouco cômodos por meio da força do dólar, que exerce sua influência até o extremo sul (Spengler, 1941, p.67).

Em Cuba, a intervenção de Crowder ajudou a derrubar o poder bancário espanhol na ilha, e, no mesmo momento, introduziram-se o National City e o Chase Bank. Em 1920, a American and Foreigner Power Company, subsidiária da Electric Bond and Share, rapidamente absorveu a maioria das fontes de luz e energia elétrica em todos os países, exceto o Peru, onde persiste a influência italiana nesse ramo.

Os interesses da Grace conseguiram controle exclusivo da navegação norte-americana sobre a costa ocidental da América do Sul, a Maston Lines sobre a costa oriental e a Ward Line no Golfo do México, a Standard Frint na América Central e Colômbia.

> Sob pretexto de uma revolução, em 1916 desembarcaram tropas norte-americanas em São Domingos, para obrigar essa República a assinar um tratado estilo Haiti. Os dominicanos resistiram e em 29 de novembro de 1916 o capitão do navio ianque "H. K. Knapp" declarou a República dominicana "em estado de ocupação militar sob as forças de meu comando". Dominou durante 4 anos

O capitalismo no século XX

até que Wilson decretou a "desocupação da República Dominicana.
(Araquistain, p.252-3)

Em Cuba, a intervenção norte-americana colocou a maior
parte das plantações açucareiras nas mãos de três bancos norte-americanos. As inversões norte-americanas na América Latina, de caráter privado, segundo o boletim publicado pelo
Chase National Bank of New York, alcançaram nível recorde de
180 milhões de dólares na sua aplicação no Brasil.

Inversão de capital norte-americano no Brasil
(em milhões de dólares)

	1946	1947	1948	1949	1950
a) Capitais transferidos dos Estados Unidos para o Brasil	32	69	31	31	24
b) Lucros reinvestidos	9	19	42	39	28
c) Total dos investimentos	41	88	75	70	52
d) Lucros remetidos ou a ser remetidos aos Estados Unidos	30	39	38	49	76

(Bulhões, 1962)

Enviamos, em 1946, 30 milhões de dólares para os Estados
Unidos. Tiveram igual destino, em 1947, 39 milhões; em 1948,
37 milhões; em 1949, 49 milhões; e em 1950, 76 milhões.

As inversões norte-americanas na América Latina de 1940 a
1946 incrementaram-se devido à guerra europeia.

Nas empresas de minas e fundição as inversões norte-americanas assumem um papel impressionante. Em 1934, toda a
bauxita que se produzia na América do Sul tinha sua origem em
minas dominadas pelo capital norte-americano. Essas minas
produziam quase todo o mineral de ferro, cerca de 9/10 de cobre, 7/10 de prata, 2/3 de zinco, mais da metade de petróleo,
cerca da metade de magnésio, de platina e 1/10 de estanho.

Produziam ainda uma parte considerável de carvão, grandes
quantidades de nitratos e outros minerais. Desses minerais sob

domínio norte-americano, os mais importantes eram o cobre e o petróleo.

Com 573 milhões de dólares no total de inversões exteriores dos Estados Unidos, 1 bilhão e 277 milhões de dólares em petróleo, esta zona absorveu, em 1940, a maior parte das inversões norte-americanas em petróleo.

Dos 432 milhões de dólares de capital americano investidos na agricultura, 359 milhões de dólares estavam investidos na América Latina em 1940. Nesse ano, as inversões em uma carteira na América Latina atingiram 993 milhões de dólares.

Uma autoridade em investimentos americanos no estrangeiro, Max Wineler, em 26 de julho de 1939, assim se expressou a respeito dos lucros auferidos com os investimentos na América Latina: "As inversões diretas da América do Norte na América Latina produziram em geral um rendimento razoável".

Durante o período de 1912 a 1928, a América Latina produziu 1/4 da produção mundial de cobre, correspondendo às propriedades latino-americanas dominadas por norte-americanos, cerca de 1/5 do total.

A respeito das finalidades econômico-políticas das inversões de capital americano, o economista norte-americano Paul Orson (1945, p.251) assim escreve:

> A fase de ajuda financeira devia ser trocada tão cedo fosse possível por um programa econômico de grande alcance, devido principalmente à iniciativa dos Estados Unidos. Este programa teria como objetivo: 1) Exploração de novas fontes de abastecimento na América Latina. 2) Maior utilização dos recursos latino-americanos para o consumo local. 3) Ajustes com a economia norte-americana que permitissem maiores importações dos produtos latino-americanos que possam competir com os dos Estados Unidos. 4) Estudos de métodos comerciais ou de outro gênero que permitissem uma distribuição mais efetiva entre as nações latino-americanas dos excedentes de mercadorias. Estes objetivos de longo prazo requerem inversões de capital em forma de homens, dinheiro e

O capitalismo no século XX

máquinas. Não tem muita importância o fato de que os fundos provenham do governo ou de capitais privados. Mas devem empregar-se em condições que não levem a suspeitar o imperialismo financeiro.

Qualquer comentário a respeito do caráter imperialista dos investimentos norte-americanos na América Latina diante do texto citado é supérfluo.

O desenvolvimento das inversões norte-americanas tem sido do tipo predominantemente colonial, destacando-se as inversões em minérios, artigos alimentícios, matéria-prima e indústrias de serviços públicos.

A natureza colonial das inversões na América Latina é indicada pelo volume desproporcionado das inversões diretas em comparação com as de carteira.

Na medida em que se desenvolve o movimento inversionista na América Latina, cada vez mais o Estado norte-americano ocupa maior papel no seu incremento.

Não devemos perder de vista a importância fundamental que tem o Departamento de Estado através de tratados, orientando as inversões, suprindo obstáculos possíveis. Temos um exemplo de longo alcance de identificação do capital monopolista com o Estado no Plano Marshall e no Ponto IV do Plano Truman. Até 1939 todo empréstimo norte-americano era efetuado por bancos particulares; hoje se formou o Banco Internacional dominado pelos Estados Unidos, em que a América Latina e as Filipinas têm 8% em relação ao capital total.

O desenvolvimento dos investimentos de capital monopolista em países coloniais e semicoloniais obedece à lei da taxa decrescente de lucro, que obriga o capital a emigrar e, com técnica superior e mão de obra barata, consegue equilibrá-la.

Se de um lado o capitalismo se estabiliza pelo equilíbrio de sua taxa média de lucro com a exploração colonial ou semicolonial, por outro cria seus elementos destrutivos na medida em que permite nos países de sua exploração econômica o deslocamento de grandes massas do campo às cidades – o caso do Brasil após 1930 – concentrando-as em indústrias, formando a matéria-prima de sua destruição: a classe operária.

É necessário destacar que a industrialização de países semicoloniais pelo imperialismo tem caráter conjuntural e não orgânico, como a industrialização europeia após a Revolução Industrial.

O desenvolvimento econômico dos países semicoloniais dá-se na medida de seu enquadramento dentro da estratégia político-econômica do imperialismo, constituindo com seus restos feudais o complemento simétrico à evolução econômica "acabada" das metrópoles capitalistas.

O capitalismo nos países coloniais tem um caráter híbrido: reúne o que há de mais adiantado no sistema capitalista, a forma organizatória em "truste", com o que há de mais atrasado: a exploração semiescrava de mão de obra (caso típico: Bolívia).

A inversão de capital estrangeiro na América Latina, ao formar um proletariado concentrado nas grandes cidades recém-urbanizadas, cria o elemento subjetivo da destruição do imperialismo: uma classe operária educada nas exigências da indústria moderna que, aos saltos, toma consciência de seus interesses de classe, identificando-os nesse momento histórico com os da maioria da sociedade: a supressão da propriedade privada dos meios de produção e sua planificação socialista.

É por nascerem tarde no desenvolvimento histórico do capitalismo moderno que as burguesias coloniais e semicoloniais não podem levar adiante as tarefas de caráter democrático – Reforma Agrária, Libertação Nacional – cabendo à classe operária levá-las adiante, entrosando-as no processo permanente de revolução com reivindicações socialistas (expropriação das empresas imperialistas, domínio dos comitês de fábrica na indústria, nacionalização da terra e da indústria) que como processo se iniciam no terreno nacional, passando ao internacional e findando na arena mundial.

As limitações nacionais do processo permanente de revolução acarretam a volta ao marco zero, ao capitalismo de Estado – caso da Rússia. Somente com a colaboração dos operários das colônias, das grandes metrópoles capitalistas é que o movimento operário mundial tem possibilidade de se afirmar e realizar uma planificação mundial da economia em termos sociais e humanos.

Conclusão

A alienação da personalidade humana pela divisão de trabalho, pela antinomia homem-cidadão, pela criação de um mundo espiritual alheio ao homem, representações invertidas do mundo real, representações filosóficas que espiritualizam a alienação material, só pode desaparecer quando as relações sociais entre os homens não aparecerem como relações de mercadorias, quando o homem não for um instrumento na luta pela sua existência em prejuízo de sua essência. A reintegração do homem em sua humanidade supõe a negação das condições inumanas de vida. A classe operária, pela sua existência, é a materialização dessas condições. Sua negação se dá na medida em que ela se eleva na luta de classes, negando-se como classe, afirmando-se em nome de toda a sociedade, realizando o socialismo como imperativo humano e ético.

O desenvolvimento da concentração universal da economia, a expropriação do trabalho pelo capital (mais-valia) e depois, do capital por ele mesmo (trustes), a socialização do processo de produção que o capitalismo encerra em si, a existência de crises de superprodução como rebelião das forças produtivas contra as estreitas relações de propriedade em que se encontram, a criação do elemento subjetivo, o proletariado, sua tarefa de abolir o que a sociedade colocou sem o seu consentimento, a propriedade privada ou estatal – são os elementos potenciais para um regime de economia socialista planificada.

"Ocuparão na vida econômica do futuro um espaço cada vez maior todos aqueles sistemas econômicos que se basearam de qualquer modo que seja numa economia planificada" (Sombart, 1984, p.494).

A planificação econômica em proveito da sociedade total só pode ser efetuada com domínio político da classe operária, a qual, de posse dos meios de produção, debelará o antagonismo entre a produção social e a apropriação privada, a planificação da produção e a anarquia do consumo.

É necessário diferenciarmos rigorosamente socialização dos meios de produção de sua estatização pura e simples.

> Não se pense porém que as forças produtivas percam sua função de capital ao se transformarem em sociedades anônimas ou em propriedade do Estado. No que se refere às primeiras não é preciso que se prove esta afirmativa. Por seu lado, o Estado moderno é uma organização em que a sociedade burguesa se associa para defender o regime capitalista de produção contra os ataques quer dos trabalhadores, quer dos capitalistas isolados. O Estado moderno, qualquer que seja sua forma, é uma máquina essencialmente capitalista, é o Estado dos capitalistas, o capitalista coletivo ideal. E quanto mais forças produtivas coloque sob sua tutela mais se transformará de capitalista coletivo ideal em capitalista coletivo real. (Engels, 1945, p.494)

É pela socialização dos meios de produção controlados pela classe operária organizada em suas organizações diretamente representativas que é possível efetuar-se a passagem de uma

O capitalismo no século XX

sociedade liberal capitalista a uma sociedade planificada, evitando o capitalismo de Estado e o totalitarismo, conservando as liberdades básicas do homem.

A exigência da planificação social é uma necessidade econômica do homem moderno que situa em primeiro plano o papel da classe operária como força dirigente. A história só coloca problemas que é capaz de resolver, ao criá-los elabora os elementos de sua solução (Weber, 1948, p.22).

Pela concentração da produção, originando a socialização do processo de trabalho, pelas crises econômicas que despertam a necessidade da planificação, pela exportação de capitais aos países coloniais que criam um proletariado anti-imperialista, é que o regime capitalista prepara as condições formais e os elementos subjetivos de uma sociedade planificada.

Apesar de haver circunstâncias objetivas, falta à planificação econômica socialista o elemento subjetivo humano capaz de realizá-la. Toda a crise da sociedade do século XX e do movimento socialista em particular é a falta de adequação subjetiva (elemento humano, quadros partidários) ao desenvolvimento histórico objetivo (necessidade de uma sociedade planificada socialista). Daí o surgimento do nazismo e fascismo como saídas reacionárias para a crise do sistema econômico moderno.

O proletariado europeu formado no conjunto de "coincidências culturais" (Marx) com grande experiência ideológia e política na luta de classe, o proletariado anglo-americano educado nas necessidades da moderna indústria, ideologicamente imune à sedução stalinista, constituem os elementos subjetivos de qualquer movimento social futuro.

Os fatores objetivos que se desenvolvem dentro da sociedade capitalista do século XX (crises, concentração da produção, inversões que criam um proletariado colonial) e o elemento subjetivo engendrado (proletariado europeu com experiência política, o americano e inglês educados na técnica moderna e o proletariado colonial educado nas insurreições coloniais após a

Segunda Guerra Mundial) constituem a força humana que, acompanhando o ritmo das transformações técnicas de nossa época, realizará a sociedade planificada para a liberdade.

Apêndice 1
O bolchevismo como fenômeno de aculturação

Entende-se aculturação no sentido de reinterpretação cultural de técnicas, meios e valores do Ocidente dentro da estrutura russa no século XX, estamental com herança de fundo tradicional. Em sua essência, o mundo russo dominado pelo Estado totalitário e o mundo ocidental dominado pela técnica completam-se entre si, formando um mundo só.

O stalinismo é um herdeiro histórico do petrinismo entrelaçado com a técnica ocidental. Em última análise, é produto da síntese da técnica ocidental e de seu espírito pragmático com a herança bizantina de Estado totalitário.

É o que concluímos da análise dos escritos de Stalin a respeito, conforme a seguir:

O sentido prático norte-americano é o contraveneno indicado para o "manilovismo revolucionário" e o projetismo fantástico. O sentido prático norte-americano é a força indomável que não conhece nem reconhece barreiras que, com sua insistência e tenacidade, destrói todos os obstáculos, embora pouco importantes, suscetíveis de dificultar a conclusão da tarefa iniciada e sem o que não é concebível um trabalho sério qualquer. Porém, o espírito prático norte-americano corre o risco de degenerar num praticismo estreito se não tiver no seu bojo o impulso revolucionário russo. (Stalin, p.174)[1]

Em síntese: "A ciência do leninismo no trabalho do Partido e do Estado consiste na União do impulso revolucionário russo com o espírito prático norte-americano" (Stalin, p.175)[2].

"O espírito prático norte-americano" torna-se para o bolchevismo artigo de fé, é o que depreendemos do apelo de Gastieff para a americanização: "Tomemos a torrente de revolução na Rússia Soviética, sincronizemo-la com o pulso da vida americana e executamos o nosso trabalho como um cronômetro" (Miller, 1935).

São sintomáticos do processo de americanização da Rússia operada pelo bolchevismo esses versos de Mayacovski:

"Canto a Chicago"

Erguia sobre um parafuso.
Cidade eletro-dinamo-americano, Cidade
Espiraloide.
– Sobre um gigantesco disco de bom aço
a girar sobre si mesmo
com cada martelada das horas
5.000 arranha-céus
Sois de granito.

---

1 Edição inexistente no Catálogo da Biblioteca Maurício Tragtenberg, impossibilitando o registro de outras informações. [N. O.]

2 Edição inexistente no Catálogo da Biblioteca Maurício Tragtenberg, impossibilitando o registro de outras informações. [N. O.]

O capitalismo no século XX

As praças
a quilômetros de altura nos céus galopam
Formigueantes, de milhões de criaturas
Broadways suspensas
Em cabo de aço tramadas
Na ponta dos postes
Cala-se crepitando a luz elétrica
Inscrições fosforescentes
Cartazes de fumaça pelos ares.

São esses elementos que nos convencem do processo de americanização da Rússia operada com a Revolução Russa de 1917, que tensões episódicas como a "Guerra Fria" não conseguem negar. Rússia e Estados Unidos formam um mundo só, a Rússia americanizada pela técnica e os Estados Unidos a caminho da orientação totalitária com o "macarthismo". Uma passagem interessante de Trotsky mostra-nos uma faceta dos elementos místicos que compõem o bolchevismo, nascido do racionalismo ocidental. Ao se unir à estrutura leninista de Estado, tomou a forma de "Terceira Roma", de uma espécie de karamazovismo islâmico, segundo Manerot. Melhor diríamos, o bolchevismo russo do século XX revive nos quadros de uma sociedade ocidental racionalizada o mundo das religiões mágicas de caráter universalista; nesse sentido é um sucessor dos nestorianos, do islamismo, do judaísmo e todas as religiões mágicas que se expandem pelo mundo a partir de um centro de referência.

> Preguem-nos embora os padres de todos os credos, confissões religiosas, acerca do paraíso do mundo do além, declaramos que queremos criar para o gênero humano um paraíso real sobre esta terra, é preciso que não percamos de vista seriamente este ideal, nem sequer durante uma hora; é ele o objetivo supremo pelo qual sempre ansiou a humanidade, e nele hão de se unir e corporificar todo o belo e todo o nobre que existia nos velhos credos religiosos (discurso de Leon Trotsky, transcrito em Miller, 1935, p.111).

Apêndice 2
A rebelião de Cronstadt

Posição oficial do governo soviético, na pessoa de Lenin, em discurso pronunciado na Rússia e reunido em volume sob o título *O capitalismo de Estado e o imposto em espécie.*

O traço mais característico dos acontecimentos de Cronstadt reside precisamente nas oscilações do elemento pequeno-burguês. Poucas coisas têm forma tão clara e tão precisa. Reivindicações nebulosas, "liberdade de comércio", "emancipação" dos sovietes dos bolcheviques, reeleição nos sovietes, supressão da "ditadura do partido" e assim por diante. Os mencheviques e os socialistas revolucionários se apoiaram no movimento de Cronstadt. Victor Tchernov envia uma mensagem a Cronstadt, vota na Constituinte a petição dessa mensagem. Toda a contrarrevolução mobiliza-se instantaneamente com rapidez verdadeiramente telegráfica aos gritos de "Por Cronstadt". Os especialistas militares contrarrevolucionários de Cronstadt, em grande número, e não Koslovsky somente, preparam um plano de desembarque em Oranienbum, plano que assunta a massa vacilante e amorfa, sem partido, menchevista e socialista revolucionária. Mais de cinquenta jornais russos contrarrevolucionários do estrangeiro empreendem uma campanha furiosa "por Cronstadt". Os grandes bancos, todas as forças do capital financeiro abrem subscrições para socorrer Cronstadt. (Lenin, s/d, p.48)

Continuando, Lenin acusa:

Quando Martov em sua revista berlinense declara que Cronstadt não só pôs em prática os princípios mencheviques, mas que também provou a possibilidade de um movimento antibolchevique que não esteja inteiramente a serviço da contrarrevolução dos capitalistas e da nobreza, dá-nos ele precisamente uma prova de sua vaidade de Narciso burguês. Fechamos os olhos para não vermos todos os autênticos guardas brancos felicitando os rebeldes de Cronstadt e reunindo fundos para ajudá-los. (Lenin, s/d, p.60)[1]

Posição de Leon Trotsky ante o movimento de Cronstadt

A escola stanilista da falsificação não é a única que floresce hoje no campo da história russa. De fato, ela tira uma parte da sua substância de certas lendas construídas na ignorância e no sentimentalismo, tais como as lúgubres narrativas concernentes a Cronstadt, Makane e outros episódios da Revolução. Diga-se apenas que o gesto relutante do Governo Soviético em Cronstadt constituiu uma necessidade trágica. Naturalmente o governo revolucionário não poderia dar a fortaleza que protegia Petrogrado como um "presente" aos marinheiros insurretos, apenas porque uns tantos anarquistas, essares [socialistas revolucionários] duvidosos

---

1 Edição inexistente no Catálogo da Biblioteca Maurício Tragtenberg, impossibilitando o registro de outras informações. [N. O.]

O capitalismo no século XX

protegiam um punhado de camponeses e soldados reacionários empenhados numa rebelião. (Trotsky, p.444)

Depoimento de Victor Serge a respeito da rebelião de Cronstadt

Os grandes culpados cuja brutal malvadeza provocou a rebelião foram Kalinin e Kouzmin. Recebidos pela guarnição de Cronstadt com música e saudações de boas-vindas, Kalinin, Presidente do Executivo da República, informado das reivindicações dos marinheiros, trata-os de patifes, traidores e egoístas, ameaçando-os com impiedoso castigo. Kouzmin afirmou que a indisciplina e a traição seriam punidas com a mão de ferro da ditadura de proletariado. Ambos foram expulsos a vaias, a ruptura estava consumada. Foi provavelmente Kalinin que, de volta a Petrogrado, inventou o "general branco Koslovsky". Assim, desde o primeiro momento, embora fosse fácil apaziguar o conflito, os chefes bolcheviques só usaram métodos violentos. Soubemos depois que toda a delegação enviada por Cronstadt ao Soviete e à população de Petrogrado para informá-los dessas desavenças estavam nas prisões da Tcheka. (Serge, 1951, p.38-40)

Continuando, escreve: "Verdadeiramente não houve negociações. Um *ultimatum* de Lenin e Trotsky expressava-se em termos revoltantes: "Rendam-se ou serão metralhados como porcos" (Serge, 1951, p.144).

Referências bibliográficas

APIANO. *Historia romana*: guerras civiles. Madri: Gredos, 1985, p.150.

ARAQUISTAIN, L. *El periglo yanki*. Madri: Sempere, p.252-3.

BALABANOVA, A. *Memórias*. Varsóvia: Chaim Barzoza, 1929.

BEALS, C. *América ante América*. Lima: Zig-Zag, 1940.

BECKER, I. *A grande Revolução Russa*. 2v. Vilno: B. Kletzkin, 1927.

BERDIAEV, N. *O espírito de Dostoievski*. Rio de Janeiro: Panamericana, 194-?.

BORKENAU, F. *Pareto*. 3.ed. México: Fondo de Cultura Económica, 1978, p.154.

BORRUYER. *Histoire du peuple de Dieu, depuis dans la premiére moitié du XVIII siècle*, p.527.

BOSSUET, J. B. *Réflexions sur un écrit de M. Claude*.

BULHÕES, O. G. Economia e Nacionalismo. *Revista Brasileira de Economia*. Rio de Janeiro, v.6, n.1, mar. 1952.

CHANINOV, B. *História da Rússia*. Porto: Livraria Tavares Martins, 1943.

CHESTOV, L. *La filosofia de la tragedia*. Buenos Aires: Emece, 1949.

CLARION, N. *Le glacis soviétique*: théorie et pratique de la démócratie nourelle. Paris: A. Somogy, 1948.

CONGRESSO AMERICANO DE ESTUDANTES, n.14. Folheto da "Federación de Estudiantes Universitarios del Uruguay".

DANILEVSKY, V. *Historia de la tecnica (siglos XVIII y XIX)*. Buenos Aires: Lautaro, 1943, p.207.

EASTMAN, M. *A Rússia de Stalin:* a crise do socialismo. Rio de Janeiro: Livraria O Cruzeiro, 1946.

EFIMOV, A. V. *História da época do capitalismo industrial*. Rio de Janeiro: Vitória, 1945.

ENGELS, F. *Anti-Dühring*. Rio de Janeiro: Calvino, 1945, p.368-9.

FIGNER, V. *Memórias*. 3v. Nova York: Veker, 1925.

FISCHER, R. *Stalin and German Comunism*. Cambridge: Harvard University Press, 1948.

FROMM, E. *El miedo a la liberdad*. Buenos Aires: Paidós, 1957, p.110.

GIDE, A. *Retorno da URSS*. Varsóvia: I. M. Alter, 1931.

GILIGA, A. Diálogo com Lenin numa prisão de Stalin. *Vanguarda Socialista*. nov. 1946.

GROETHUYSEN, B. *La formación de la consciencia burguesa en Francia durante el siglo XVIII*. México: Fondo de Cultura Económica, 1943.

HACKER, L. M. *Proceso y triunfo del capitalismo norteamericano*. Buenos Aires: Sudamericana, p.91.

HAENSEN, P. La politica economica de Russia Sovietica. *Revista de Ocidente*, 1931.

JAURÉS, J. *Historia socialista de la Revolución Francesa*. v.1. Buenos Aires: Poseidon, 1946, p.80-1.

KAUTSKY, K *Terrorismo e Comunismo*. Milão: Fratelli Bocca, 1946.

KIRKLAND, E. *História económica de Estados Unidos*. México: FCE, 1947, p.35.

KOESTLER, A. *O Iogue e o comissário*. São Paulo: Instituto Progresso, 1947.

KROPOTKIN, P. *História da Revolução Francesa*. 2v. Trad. Júlio Seper Vilno: Tonov, 1929.

LABIN, S. *A Rússia de Stalin*. São Paulo: Agir, 1948.

LENIN, V. I. U. El imperialismo, fase superior de capitalismo. In: *Obras Escogidas*. v.3. Moscou: Progreso, 1966, p.456, 457-8.

LENIN, V. I. U. *Las Enseñanzas de la insurreición de Moscú*. v.2. Buenos Aires: Cartago, 1971, p.153.

LENIN, V. I. U. *O capitalismo de Estado e o imposto em espécie*. Curitiba: Guaíra, s/d, p.48.

LUNACHARSKY, A. *Cultura e Marxismo*. Nova York: Liberdade, 1926.

LUXEMBURGO, R. *Revolução Russa*. Rio de Janeiro: Edições Socialistas, 1946, p.3.

LUXEMBURGO, R. *Reforma ou revolução?*. São Paulo: Flama, 1946, p.321.

MARX, K. *Le 18 Brumaire de Louis Bonaparte*. Paris: Editions Sociales, 1948.

MARX, K. *El Capital*. v.1. México: Ed. Fuente Cultural, 1976.

MARX, K. ; ENGELS, F. *La Sagrada Familia*. 2.ed. Buenos Aires: Claridad, 1971, p.89.

MAUROIS, A. *História da Inglaterra*. Rio de Janeiro: Irmãos Pongetti Editores, 1959, p.348.

MILLER, R. F. *Espírito e fisionomia do bolchevismo*. Porto Alegre: Globo, 1935.

NATANSON, V. *O marxismo à luz da cultura*. Varsóvia: Die Welt, 1923.

NEUBERG, A. *L'Insurretion armée*. Paris: Parti Comuniste Français, 1931.

NICOLAI, B. *Teoria do materialismo histórico*. Varsóvia: M. Jeruchemson, 1827.

NOGUEIRA, H. *Dostoiévski*. Rio de Janeiro: Schimidt, 1935.

ORSON, P. *Economia Internacional Latino-Americana*. México: Fondo de Cultura Económica, 1945, p.251.

PLEKANOV. *Problemas básicos do marxismo*. Varsóvia: Vhaim Borenstein, 1929.

REGUIS. *Traite de la foi dês simples*. T.II. p.218.

REYNOLD, G. *El mundo russo*. Buenos Aires: EMECE editores, 1941.

REYTAN, J. *El problema de la restauración capitalista em Rusia: estado obrero o estado burguês?* La Paz: Pensamiento Crítico, 1987.

REYTAN, J. *Guerra a Stalin*. La Paz: Pensamiento Crítico, 1950, p.62.

RIAZANOV, D. *Adendos para a história do marxismo*. 3v. Varsóvia: Lewin Epstein, 1931

ROSSEMBAUM, M. *Memórias de um socialista revolucionário*. Varsóvia: Chaim Jitlovsky, 1924.

SCHUSTER, M. L. et al. *As grandes cartas da História*. São Paulo: Companhia Editora Nacional, 1942, p.515-7.

SERGE, V. *Mémoires d'um révolutionnaire (1901-1941)*. Paris: Du Seuil, 1951.

SOMBART, W. *El apogeo del capitalismo*. v.2. México: FCE, 1984, p.494.

SPENGLER, O. *La decadencia del Ocidente*. v.IV. Madri: Espasa-Calpe, 1927, p.62-3.

SPENGLER, O. *Anos de decisão*. Porto Alegre: Meridiano, 1941, p.67.

SPRIDOVNA, M. *Vida e obra*. 2v. Varsóvia: Ch. Barzoza, 1936.

STALIN, J. *Perguntas e respostas e os fundamentos do leninismo*. Ed. Assunção, p.174.

STEINBERG, I. N. *Entre o capitalismo e o socialismo*. Varsóvia: Barzoza, 1928.

TAWNEY, R. H. *La religión en el orto del capitalismo*. Madri: Revista de Derecho Privado, 1936, p.128.

TROTSKY, L. *La revolución traicionada*. Santiago do Chile: Ercilla, 1937.

TROTSKY, L. *Minha vida*. Rio de Janeiro: José Olympio, s/d, p.453.

TROTSKY, L. *Revolução desfigurada*. Rio de Janeiro: Renascença, 1933, p.18.

TROTSKY, L. *Stalin*. São Paulo: Ed. IPE.

TROTSKY, L. *Terrorismo y Comunismo*. Madri: Ed. Biblioteca Nueva, 1977.

VIVAS, J. B. *La concentración del poder economico em los Estados Unidos*. Buenos Aires: El Ateneo, 1944, p.84, 85, 91-2, 97, 125.

VOLINE. *La rivoluzione sconosciuta*. Carrara: Franchini, 1976, p.202, 305, 309, 315, 321, 327, 343, 346.

WEBER, M. *Economía y Sociedad*. México: Fondo de Cultura Económica, 1944, v.IV.

WEBER, M. *Il lavoro intellettuale come professione*. Ed. Giulio Einaudi, 1948, p.22.

Periódicos

Boletim Quotidiano. 20 out. 1939.

Boletim Quotidiano. 2 maio 1939.

Cambridge. História Econômica Russa. *História Econômica da Europa.* Pedro Struve. Madri: Rev. de Derecho Privado, 1948.

Corriere della Sera. 26 mar. 1932.

Memórias de um comissário do povo. Varsóvia: Lewin Epstem, 1931.

Nouvelle Ecclesiastiques. 27 fev. 1780.

Pravda. 1935-1939.

SOBRE O LIVRO

Formato: 14 x 21
Mancha: 23 x 44,5 paicas
Tipologia: Iowan Old Style 10/14
Papel: Offset 75 g/m² (miolo)
Cartão Supremo 250 g/m² (capa)
1ª edição: 2010

EQUIPE DE REALIZAÇÃO

Capa
Isabel Carballo

Edição de Texto
Renata Assunção (Preparação de original)
Alberto Bononi (Revisão)

Editoração Eletrônica
DuSeki (Diagramação)